Kochen, essen und dabei abnehmen
Band 1

Mit Rezepten nach der
MONTIGNAC-METHODE

ARTULEN VERLAG GMBH
Luisenstraße 4
77654 Offenburg
DEUTSCHLAND
Telefon: 0781 9481883
Fax: 0781 9481782
E-Mail: post@artulen-verlag.de
Internet: www.montignac.de

Vierte deutsche
überarbeitete Auflage 2003

Titelfoto:
Brokkoli-Omlett
→ Rezept Seite 130

Über die MONTIGNAC-METHODE
sind folgende Bücher erschienen:

- **Die Montignac-Methode**
  (Michel Montignac)
- **Die Montignac-Methode für Einsteiger**
  (Hans Finck und Michel Montignac)
- **Essen gehen und dabei abnehmen**
  (Michel Montignac)
- **Ich esse, um abzunehmen**
  (Michel Montignac)
- **Jung bleiben durch eine gesunde Ernährung**
- **Kochen, essen und dabei abnehmen Band 2**
- **Meine Rezepte aus der Provence**
  (Michel Montignac)
- **Montignac Rezepte und Menüs**
  (Michel Montignac)
- **Satt & Schlank**
  (Gabriele Lehner)
- **Schlank & Schnell**
  (Ria Tummers)

Vom selben Autor sind folgende
zusätzliche Werke erschienen:

- **Gesund mit Schokolade**
  (Michel Montignac)
- **Jeden Tag Wein**
  (Michel Montignac)

Die Originalausgabe erschien unter
dem Titel *Recettes et Menus Santé Montignac.*

Lektorat: Regine Schmidt
Angela Strzeletz

Titelfoto und Inhaltfotos: Ydo Sol

Layout: Sybille Zerling
Rotation Verlags-Service, Berlin

Druck & Bindung: Westermann Druck
Gedruckt auf umweltfreundlichem Papier

ISBN 3-930989-15-8

Internationale Ausgaben:

Frankreich:

- Comment maigrir en faisant des repas d'affaires
- Je mange donc je maigris!
- La méthode Montignac: Spécial Femme
- Mettez un turbo dans votre assiette!
- Recettes et Menus Montignac
- Je cuisine Montignac (Band I und II)
- Restez jeune en mangeant mieux
- Boire du vin pour rester en bonne santé
- La méthode Montignac de A à Z

**Weitere internationale Ausgaben sind
in folgenden Ländern erschienen:**

- Finnland
- Großbritannien
- Italien
- Island
- Israel
- Kanada
- Kroatien
- Lettland
- Niederlande
- Polen
- Portugal
- Rumänien
- Russland
- Schweden
- Spanien
- Türkei
- USA

Michel Montignac

Kochen, essen und dabei abnehmen

Band 1

Mit Rezepten nach der
MONTIGNAC-METHODE

Aus dem Französischen von Liane Schumpa

Inhaltsverzeichnis

(V): Diese Gerichte sind für die vegetarische Ernährung geeignet. (Wenn Sie die Fleisch-, bzw. Hühnerbrühe durch Gemüsebrühe ersetzen, sind auch alle Suppen für die vegetarische Ernährung geeignet.)

Verzeichnis der Rezepte

SUPPEN

SALATE

SALATSAUCEN

COCKTAILSAUCEN

SAUCEN UND BRÜHEN

FLEISCH

GEFLÜGEL

FISCH UND MEERESFRÜCHTE

EIERSPEISEN

GEMÜSEBEILAGEN

KOHLENHYDRATHALTIGE GERICHTE

NACHSPEISEN (Phase II)

VORWORT

Seit einiger Zeit schlägt die Weltgesundheitsorganisation (WHO) Alarm und lässt in offiziellen Berichten verlauten, dass „sich Fettleibigkeit zu einer wahren Volkskrankheit entwickelt hat."

Jahrelang ist man, einigermaßen naiv, davon ausgegangen, dass Übergewicht besonders in den USA vorkommt. Dann sind die gleichen Anzeichen (auch wenn sie noch nicht so ausgeprägt sind) nach und nach in allen westlichen Ländern aufgetreten.

Überall wird die Ansicht vertreten: Wenn man immer dicker wird, liegt dies daran, dass man zu viel isst und sich zu wenig bewegt.

Seit 1997 weiß man jedoch, dass diese Annahme völlig falsch ist. Denn in den USA wie auch anderswo beweisen uns wissenschaftliche Studien das Gegenteil: Seit etwa zwanzig Jahren ist bei der westlichen Bevölkerung die durchschnittliche Energiezufuhr immer mehr zurückgegangen. Der Fettkonsum hat sich beträchtlich verringert und die sportliche Betätigung hat an Bedeutung gewonnen. Und trotzdem hat die Fettleibigkeit in dieser Zeit weiter zugenommen. In den USA spricht man sogar schon vom „amerikanischen Paradoxon".

Das erste Buch über die Montignac-Methode *(Essen gehen und dabei abnehmen)* prangerte bereits 1986 diesen offensichtlichen Widerspruch an und lieferte zugleich eine Erklärung dafür: Wenn die amerikanische Bevölkerung immer dicker wird und der Rest der Welt ihr darin folgt, liegt dies nicht daran, dass zu viel, sondern das Falsche gegessen wird.

Drei Faktoren sind dafür verantwortlich:

1. die wirtschaftlichen und sozialen Veränderungen in der modernen Gesellschaft;
2. die Industrialisierung der Nahrungsmittelproduktion;
3. die veränderten Ernährungsgewohnheiten in der westlichen Welt.

Diese Faktoren sind miteinander verbunden, da sie sich gewissermaßen auseinander ergeben.

Nach dem Zweiten Weltkrieg haben sich in der westlichen Welt gewaltige

Veränderungen vollzogen. Mit der Verstädterung und der Landflucht veränderte sich die Verteilung der Bevölkerung auf die einzelnen Gebiete.

Es entstand somit eine zunehmende räumliche Kluft zwischen der Nahrungsmittelproduktion und dem Konsum. Daher galt es, neue Produktionsformen sowie neue Lösungen für den Transport und vor allem für die Haltbarmachung von Lebensmitteln (Kühlen, Gefrieren, Verwendung von Konservierungsmitteln) zu finden.

Außerdem musste aufgrund des Bevölkerungswachstums (Babyboom) mehr produziert werden. Die durch den Einsatz von Kunstdünger (Pestizide, Insektizide und Herbizide) erzielte Ertragssteigerung und gleichzeitige Mechanisierung führte zu einer wahren Revolution im Bereich der Nahrungsmittelproduktion.

Weiterhin wandelte sich die gesellschaftliche Struktur auch dahingehend, dass unter anderem durch die zunehmende Berufstätigkeit von Frauen immer weniger Zeit für die Zubereitung von Mahlzeiten aufgewendet wurde.

Neue Produkte, die leichter aufzubewahren waren und schneller zubereitet und verzehrt werden konnten, tauchten auf, und der Geschmack wurde immer internationaler.

Doch diese Veränderung der Ernährungsgewohnheiten ging so schnell vonstatten, dass sich niemand über die möglichen negativen Folgen Gedanken machte. Mehrere Jahrzehnte später stellen wir nun fest, dass vor allem unsere Gesundheit Schaden genommen hat.

Denn seit Beginn der Ernährungsrevolution sind zahlreiche Stoffwechselkrankheiten aufgetreten: Diabetes, Krebs, Multiple Sklerose, Alzheimer, Herz-Kreislauf-Erkrankungen und natürlich Fettleibigkeit. Sie sind alle direkt oder indirekt auf nährstoffarme, industriell gefertigte Nahrungsmittel und vor allem auf bestimmte mit der modernen Lebensweise einhergehende schlechte Ernährungsgewohnheiten zurückzuführen.

Seit ihrer ersten Veröffentlichung hat die Montignac-Methode das Problem nicht nur analysiert und erkannt, sondern auch Lösungen vorgeschlagen, deren dauerhafte Wirksamkeit durch den immensen Erfolg in den meisten Ländern eindeutig bewiesen wurde.

Die Montignac-Methode beruht auf folgender Feststellung:

Zunächst auf dem großen Misserfolg der herkömmlichen Ernährung, bei der immer davon ausgegangen wurde, dass die einzige Möglichkeit der Gewichtsabnahme darin besteht, weniger zu essen und sich mehr zu bewegen. Seit mehr als zwanzig Jahren zeigen jedoch sämtliche Studien, dass dies nicht nur misslingt, sondern die Fettleibigkeit sogar noch verschlimmert.

Damit liegt heute der wissenschaftliche Beweis vor, dass entgegen der weit verbreiteten Ansicht der Energiefaktor nicht ausschlaggebend für die Gewichtszunahme ist.

Es wurde zudem nachgewiesen, dass die Gewichtszunahme, vor allem die Fettleibigkeit, auf nährstoffarme, industriell hergestellte Lebensmittel, die nunmehr in allen westlichen Ländern verzehrt werden, und insbesondere auf Ernährungsfehler, die sich in den letzten fünfzig Jahren allmählich ausgebreitet haben, zurückzuführen sind.

Vom Nährstoffgehalt der Lebensmittel (Reichtum an Vitaminen, Mineralien, essentiellen Fettsäuren und Ballaststoffen) sowie der Molekularstruktur der Stärke hängt es somit ab, ob der Stoffwechsel übermäßig Fettreserven bildet.

Durch eine einfache Auswahl der Lebensmittel nach ihrem Nährstoffgehalt, wie es die Montignac-Methode empfiehlt, werden demnach Stoffwechselvorgänge ausgelöst, die wieder ein optimales Körpergewicht ermöglichen.

Die Erfahrung hat gezeigt, dass sich eine Ernährungsumstellung nach Montignac auch äußerst positiv auf die Gesundheit insgesamt auswirkt: Sie führt zu einer Senkung des Cholesterinspiegels und der Triglyceride, zur Besserung von Diabetes, Müdigkeit, Migräne oder Darmproblemen. Die Empfehlungen der Montignac-Methode beziehen somit den gesamten Gesundheitszustand mit ein.

In diesem Buch werden die Prinzipien dieser Methode angewandt. Es enthält schmackhafte, leicht umzusetzende Rezepte, die mithilfe von Ernährungsspezialisten aus Quebec zusammengestellt wurden.

Sämtliche ausgewählten Zutaten sind bekannt und im Handel erhältlich.

Was die Auswahl des Fettes zum Kochen anbelangt, empfehle ich, vorzugsweise Olivenöl zu verwenden, insbesondere dann, wenn man versucht ist, auf die gewohnte Butter zurückzugreifen.

Butter zählt gewiss zu den guten Lebensmitteln, da sie z. B. eine beachtliche Menge an Vitamin A enthält. Trotzdem sollte beim Verzehr zweierlei beachtet werden: nur eine geringe Menge zu sich nehmen (10 – 15 g täglich reichen aus), da auch schlechte (gesättigte) Fette enthalten sind, aber vor allem, **Butter niemals erhitzen**, denn dadurch wird sie unverdaulich und krebserregend.

Zudem muss man wissen, dass jedes starke Erhitzen große Veränderungen in der Nahrung hervorruft, die oftmals zu einem Verlust von Nährstoffen führen. Deshalb empfiehlt sich eine Zubereitung bei niedrigen Temperaturen.

Schließlich ist darauf hinzuweisen, dass die Menüvorschläge (Seite 15 bis 26) lediglich beispielhaft sind und jede Mahlzeit und jeder Tag natürlich ausgetauscht werden kann. Allerdings sollte man trotzdem auf eine gewisse Ausgewogenheit zwischen den verschiedenen Lebensmitteln achten. Auch die Nachspeisen sind kein „MUSS“ sondern nur Vorschläge falls noch ein Dessert gewünscht wird.

Kochen ist, wie Musik oder Malerei, als Kunst zu betrachten und kann viel Vergnügen bereiten. Doch die größte Freude besteht meines Erachtens darin, die mit Begeisterung und Liebe zubereiteten Gerichte mit seinen Lieben zu teilen.

Michel Montignac

EINLEITUNG

Bei den meisten Rezepten, egal ob einfach oder aufwändig, ob zu Hause oder von gelernten Köchen zubereitet, wird als Fett Butter empfohlen.

Selbst in Mittelmeerländern – vor allem in Frankreichs Provence, bei der man eher davon ausgehen würde, dass nur Olivenöl und nichts anderes zum Einsatz kommt – ist Butter bei der Zubereitung von Gerichten leider allgegenwärtig.

Lange Zeit haben unsere Vorfahren hauptsächlich tierisches Fett, vor allem Schweinefett, verwendet. Im Zeitalter der Aufklärung wurden dann die ersten großen Küchenmeister, unter anderem am Hof von Versailles, bekannt; sie bevorzugten seltene und teure Gerichte, die mit einem ebenso seltenen und teuren Fett zubereitet wurden: der „Butter".

Während des gesamten 19. Jahrhunderts wurde dies von den Köchen der Reichen genauso gehandhabt. Und als die feine Küche im Laufe des 20. Jahrhunderts ihren Höhepunkt erreichte, wurde weiterhin der Butter der Vorzug gegeben. Sie nimmt deshalb auch heute noch eine besondere Stellung ein, nicht nur bei der Zubereitung von Fleisch und Fisch, sondern auch bei der Herstellung von Saucen und natürlich von Backwaren.

Man muss sich jedoch bewusst sein, dass „Butter", selbst wenn sie bei einem Verzehr in nicht erhitztem Zustand und in sehr geringen Mengen (10 – 15 g pro Tag) aufgrund des Vitamin A-Gehalts über einen gewissen Nährstoffwert verfügt, nicht zum Kochen verwendet werden sollte. Denn dann werden die gesättigten Fettsäuren, aus denen sie besteht, einer Temperatur von etwa 100 °C ausgesetzt; die Butter hat nun eine schädliche Wirkung, da sie von den Verdauungsenzymen nicht mehr abgebaut werden kann. Werden 120 °C überschritten, wird die Butter schwarz und verändert ihre Struktur so, dass Akrolein entsteht, eine Substanz, die nachweislich Krebs erzeugt.

Deshalb sind zum Kochen und Braten neben Olivenöl, Sonnenblumenöl oder auch Erdnussöl nur Gänse- oder Entenfett zu empfehlen. Die beiden zuletzt genannten Fette können hohen Temperaturen (+ 200 °C) standhalten, ohne ungenießbar zu werden. Ein weiterer Vorteil des Gänsefetts besteht darin, dass es Gerichten den besonderen Geschmack der feinen Küche verleiht.

EINFÜHRUNG

Die meisten Rezepte in diesem Buch sind im Hinblick auf die unten aufgeführten zentralen Grundprinzipien der Montignac-Methode für die Phase I *(Abnehmphase)*.

1. Die „sehr guten“ Kohlenhydrate (GI bis 35) können beliebig mit Eiweißen und Fetten kombiniert werden.
2. Die „guten“ Kohlenhydrate (GI 35–50), in Phase I-(Abnehmphase) nicht mit Fetten kombinieren, bzw. in Phase II mit nur sehr wenig guten Fetten.
3. Auf blutzuckersteigernde „schlechte“ Kohlenhydrate (GI über 50) ganz verzichten.

Sämtliche Menüvorschläge Mittag- und Abendessen (mit einigen wenigen Ausnahmen) für 12 Wochen sind grundsätzlich für Phase I geeignet, lediglich süße Nachspeisen sollte man in der Anfangsphase besser noch nicht einplanen. Nur gelegentlich evtl. am Wochenende können Sie ein Dessert mit sehr niedrigem GI auch in Phase I verzehren.

Bitte beachten: Avocadosalat sollte nur zu einer Eiweiß-Fett-Mahlzeit gegessen werden.

In unseren Rezepten wird ein TL mit 5 ml gleichgesetzt. Ein EL entspricht 15 ml.

Frühstück

Wählen Sie eine dieser Varianten:

Grundsätzlich können Sie nach Belieben ca. 20 Minuten vor dem eigentlichen Frühstück frisches Obst essen.

1. Obstfrühstück

Das Frühstück kann ausschließlich aus Obst bestehen.

2. Frühstück mit Kohlenhydraten und Eiweiß

Hier können Sie sich für eine Kombination entscheiden.

a) Vollkornbrot (100 % Vollkornbrot) ohne Zusätze

Mit einem Belag aus:

- Magerquark oder entrahmtem Joghurt (max. 0,3 % Fett) – pur -, und/oder
  - mit Tomaten- und Gurkenscheiben,
  - mit Kräutern,
  - Salz und Pfeffer,
  - mit Fruchtaufstrich (ohne Zucker),
  - magerer Hähnchen- oder Putenbrust (0,3 % Fett).

b) Vollkornflocken oder Müsli ohne Zucker

- mit entrahmter Milch,
- entrahmtem Naturjoghurt oder
- Magerquark (max. 0,3 % Fett).

Zum Süßen können Sie auch Fruchtaufstrich ohne Zucker verwenden.

c) Milchprodukt (entrahmter Joghurt oder Magerquark) **und Obst:**

- rote Beeren (Himbeeren, Erdbeeren, Heidelbeeren, etc.)
- oder gekochtes Obst.

Für eine gute Verdauung (Vermeidung von Gärungsprozessen) ist es sehr wichtig, alle anderen rohen Obstsorten ca. 20 Minuten vor dem eigentlichen Frühstück zu essen.

3. Frühstück mit Eiweiß und Fett

Diese Variante sollte man nur hin und wieder einplanen, z. B. am Wochenende oder im Hotel, da es sehr viele gesättigte Fette enthält.

Eier, Wurst, Speck, Schinken, Fisch, Käse, verschiedene Gemüse und Salate (z. B. grüner Salat, frische Gurke, Tomaten etc.) – hierzu kein Vollkornbrot

Getränke zum Frühstück:

- entkoffeinierter Kaffee,
- schwacher schwarzer oder grüner Tee, milder Kräuter- oder Früchtetee,
- entrahmte Milch (max. 0,3 % Fett)
- stilles Wasser ohne Kohlensäure.

Gesunde Menüs • 1. Woche

* siehe Rezept
** mit ungezuckertem Fruchtaufstrich oder Apfelkompott verfeinern

	MONTAG	DIENSTAG	MITTWOCH	DONNERSTAG	FREITAG	SAMSTAG	SONNTAG
MITTAGESSEN	Griechischer Salat* Marinierte Putenschnitzel* Brokkoli Pochierte Birnen*	Minestrone* Zartes Filet Knackiges Rahmgemüse* Käse	Rohkost Lasagne* Joghurtcreme mit Himbeeren*	Grüner Salat Hähnchen mit Thymian Käse	Rohkost Kalbsspieße* Basmatireis Himbeercreme*	Geflügelsalat Joghurt	Tomatensalat Brokkoli-Omelett* Schokolade mit 70 % Kakaogehalt
ABENDESSEN	Lauch-Kresse-Suppe* Gewürzte Garnelen* Gedämpftes Gemüse Joghurt	Gemischter Salat* Omelett mexikanisch* Apfelkompott	Blumenkohlcreme-suppe* Thunfisch provenzalisch* Spinat Joghurt	Luzernensalat* Erbsensuppe* Joghurt**	Spargelcremesuppe Überbackene Forellenfilets* Grüne Bohnen Joghurt	Zucchinisalat Lachsfilets mit Petersiliensoße* Pilzragout Magerer Käse	Petersiliensuppe* Falafel* Ratatouille* Joghurtcreme mit Himbeeren*

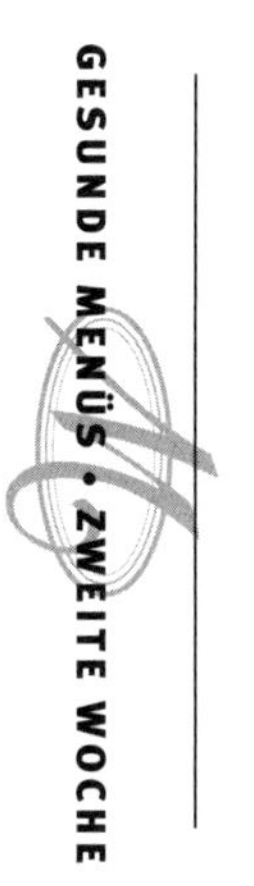

Gesunde Menüs • 2. Woche

	MONTAG	DIENSTAG	MITTWOCH	DONNERSTAG	FREITAG	SAMSTAG	SONNTAG
MITTAGESSEN	Artischockenherzen Lammfrikadellen mit Parmesansauce* Spargel mit Zitrone Käse	Gemüsesuppe Gefüllte Hühnerbrust* Brokkoli Käse	Brokkolicremesuppe Eiersalat Käse	Gurkensalat Lachskroketten* Blumenkohl Schokolade mit 70 % Kakaogehalt	Champignoncremesuppe* Rindfleisch Montrealer Art* Gedämpfter Kohl Zitronen-Limetten-Eismousse*	Lauch in Essig-Öl-Marinade Überbackene Hühnerkeule Zucchini-Paprika-Spieße* Pudding mit Waldbeeren*	Gemüsecremesuppe Schellfisch Brokkoli und Blumenkohl mit Pinienkernen* Käse
ABENDESSEN	Spinatcremesuppe* Seezungenfilets in Weißweinsauce* Seitlinge Joghurt	Kaisersalat* Gemüseragout mit Tofu* Erdbeercreme*	Kopfsalat Hähnchen Nizzaer Art Basmatireis Joghurt	Rohkost Überbackene Zucchini* Joghurt	Palmherzen Meeresfrüchte am Spieß* Joghurt**	Chicoréesalat Reissalat mit Linsen* Joghurt	Paprikasalat Rühreier mit Käse Schokolade mit 70 % Kakaogehalt

* siehe Rezept
** mit ungezuckertem Fruchtaufstrich oder Apfelkompott verfeinern

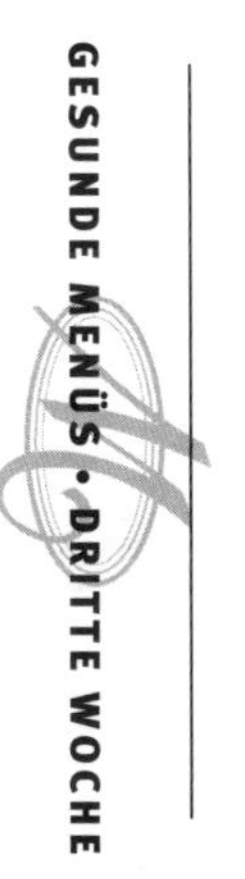

Gesunde Menüs • 3. Woche

	MONTAG	DIENSTAG	MITTWOCH	DONNERSTAG	FREITAG	SAMSTAG	SONNTAG
MITTAGESSEN	Minestrone* Hackbraten* Überbackene Auberginen Käse	Spinat-Bohnensprossen-Salat* Hühnerbrust chinesischer Art* Käse	Gemischter Salat* Überbackenes Gemüse* Schokoladenbonbons*	Cremesuppe aus roten Paprikaschoten Kammmuscheln mit Limette Spinat Rote Beeren mit Schlagsahne	Zwiebelsuppe* Gefüllte grüne Paprikaschoten* Käse	Rettich-Fenchel-Salat* Kaninchen mit Oliven Pilze mit Knoblauch Käse	Blumenkohlcremesuppe* Marinierte Garnelen* einige Datteln
ABENDESSEN	Avocado in Essig-Öl-Marinade Seezungenfilets mit Mandeln Gemüse in Folie gegart Joghurt	Tomatencremesuppe Salat aus Hülsenfrüchten* Joghurt**	Geflügelcremesuppe Putenbrust mit Preiselbeersauce* Joghurt	Rohkost Delikate Sauce* Hirsekroketten Italienische Tomatensauce* Erdbeersorbet*	Taboulé* Lachsfilets mit Petersiliensauce* Rosenkohl* Joghurt	Kressesalat Vegetarisches Chili* Joghurt**	Pilzsalat Überbackenes Omelett Schokolade mit 70 % Kakaogehalt

* siehe Rezept

** mit ungezuckertem Fruchtaufstrich oder Apfelkompott verfeinern

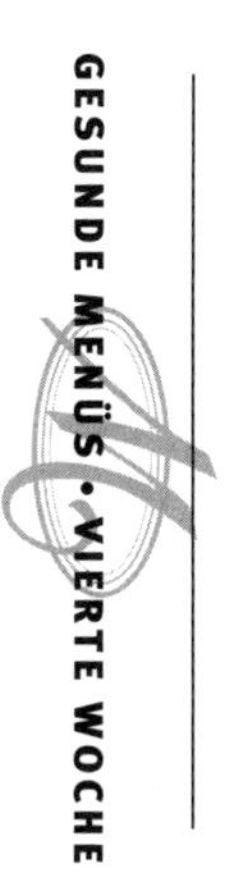

Gesunde Menüs • 4. Woche

* siehe Rezept
** mit ungezuckertem Fruchtaufstrich oder Apfelkompott verfeinern

	MONTAG	DIENSTAG	MITTWOCH	DONNERSTAG	FREITAG	SAMSTAG	SONNTAG
MITTAGESSEN	Gemischter Salat*	Griechischer Salat*	Salat aus Weiß- und Rotkohl*	Rohkost	Kraftbrühe*	Spinatcremesuppe*	Kaisersalat*
	Kalbsspieße*	Gegrillte Putenbrust	Tomaten gefüllt mit Eiern*	Fisch in Folie gegart*	Zartes Filet	Hühnerbrust marokkanisch*	Pochierter Kabeljau mediterraner Art*
		Überbackener Spargel		Naturreis mit Curry	Pilz-Zwiebel-Ragout	Zucchini mit Pesto	
	Käse		Rote Beeren mit Schlagsahne	Joghurt	Schokoladencreme*	Käse	Käse
ABENDESSEN	Gemüsesuppe	Grüner Salat	Chinesischer Salat	Spinat-Bohnensprossen-Salat*	Chicoréesalat	Zuckererbsen-Eskariol-Salat*	Rohkost Delikate Sauce*
	Thunfischsalat	Vollkornnudeln	Wachteln	Reissalat mit Linsen*	Bouillabaisse*	Tofukroketten italienischer Art*	Gemüse-Quiche
		Linsensauce*	Ratatouille*			Brokkoli	
	Joghurt	Kleie-Aprikosen-Muffins*	Joghurt	Joghurtcreme mit Himbeeren*	Käse	Mousse au chocolat*	Käse

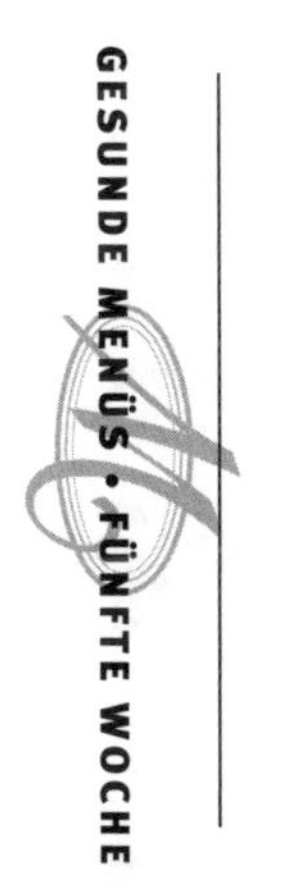

Gesunde Menüs • 5. Woche

	MONTAG	DIENSTAG	MITTWOCH	DONNERSTAG	FREITAG	SAMSTAG	SONNTAG
MITTAGESSEN	Champignoncremesuppe* Gebratene Kalbsleber Knackiges Rahmgemüse* Joghurt	Rohkost Guacamole* Hähnchensalat Käse	Gemischter Salat* Schinken-Käse-Omelett Schokolade mit 70 % Kakaogehalt	Geräucherte Austern Überbackene Forellenfilets* Gedämpfte Bohnen Käse	Avocadosalat* Rotes Paprikagemüse andalusisch* Käse	Gurken-Paprika-Salat Hühnerkeule mit Curry Gemüse aus dem Wok Käse	Spargelcremesuppe Petersfischfilets mit Pecorino-Käse* Brokkoli und Blumenkohl mit Pinienkernen* Joghurt
ABENDESSEN	Sardinensalat Scampi Rosenkohl* Schokoladenfondue*	Gefüllte Pilze Makkaroni mit drei Käsesorten* Joghurt**	Tomatensalat Hühnerbrust mariniert in Ingwer und Orangensaft* Überbackener Brokkoli Joghurt	Brokkolicremesuppe Tofu-Gemüse-Spieße Joghurt	Gemischter Salat* Gefüllte Fischfilets* Magerer Käse	Gemüsesuppe Taboulé-Salat mit Kichererbsen* Joghurtcreme mit Himbeeren*	Kohlsuppe Überbackene Zucchini* Joghurt**

* siehe Rezept

** mit ungezuckertem Fruchtaufstrich oder Apfelkompott verfeinern

Gesunde Menüs • 6. Woche

	MONTAG	DIENSTAG	MITTWOCH	DONNERSTAG	FREITAG	SAMSTAG	SONNTAG
MITTAGESSEN	Blumenkohlcremesuppe* Rindfleisch Montrealer Art* Gemüse Erdbeercreme*	Chef-Salat Rotbarsch in Sauce Tomaten und Pilze Käse	Spinatcremesuppe* Eiersalat Käse	Chinesischer Salat Fisch in Folie gegart* Gemischtes Paprikagemüse Käse	Pilzsalat Kalbsragout* Schokolade mit 70 % Kakaogehalt	Rohkost Delikate Sauce* Hühnerbrust marokkanisch* Joghurt**	Gemischter Salat* Lachsfilets* Überbackene Auberginen Käse
ABENDESSEN	Luzernensalat* Meeresfrüchte am Spieß* Joghurt	Rohkost Vegetarisches Chili* Joghurtcreme mit Himbeeren*	Avocadosalat* Wachtelbrüstchen Gedünstetes Paprikagemüse* Joghurt	Selleriecremesuppe Gemüselasagne Pudding mit Waldbeeren*	Petersiliensuppe* Lachskroketten* Zucchini-Paprika-Spieße* Joghurt	Brokkolicremesuppe Gegrillter Tofu mit Rotkohl* Joghurt	Gemüsesuppe Käsesoufflé Spargel Joghurt

* siehe Rezept

** mit ungezuckertem Fruchtaufstrich oder Apfelkompott verfeinern

Gesunde Menüs • 7. Woche

* siehe Rezept
** mit ungezuckertem Fruchtaufstrich oder Apfelkompott verfeinern

	MONTAG	DIENSTAG	MITTWOCH	DONNERSTAG	FREITAG	SAMSTAG	SONNTAG
MITTAGESSEN	Tomatensalat Kalbsspieße* Gemüseterrine Käse	Avocadosalat* Hähnchenfrikassee mit Gemüse Käse	Kaisersalat* Vegetarisches Omelett Käse	Chinesische Suppe* Petersfischfilets mit Pecorino-Käse* Blumenkohl und Zucchini mit Curry* Käse	Salat aus Weiß- und Rotkohl* Schweinefilet in Senfsauce Knackiges Rahmgemüse* Käse	Gemüsesuppe Marinierte Puten-schnitzel* Käse	Grüner Salat Heilbuttfilets Brokkoli Käse
ABENDESSEN	Spargelcremesuppe Krabbensalat Joghurt**	Champignoncreme-suppe* Tomaten gefüllt mit Eiern* Schokolade mit 70 % Kakaogehalt	Brokkolicremesuppe Gebratene Gans Rotkohl mit Himbeeressig Magerer Käse	Tomatensalat Hülsenfrüchte-Suppe Joghurt	Frühlingssalat Thunfisch provenzalisch* Basmatireis Joghurt	Gurkensalat Bulgur mit Kichererbsen* Mousse au chocolat*	Gemischter Salat* Überbackene Zucchini* Joghurtcreme mit Himbeeren*

Gesunde Menüs • 8. Woche

* siehe Rezept

** mit ungezuckertem Fruchtaufstrich oder Apfelkompott verfeinern

	MONTAG	DIENSTAG	MITTWOCH	DONNERSTAG	FREITAG	SAMSTAG	SONNTAG
MITTAGESSEN	Gemischter Salat* Gefüllte grüne Paprikaschoten* Käse	Spinatcremesuppe* Hähnchen mit Oliven und getrockneten Tomaten Brokkoli und Blumenkohl überbacken	Avocadosalat* Omelett mexikanisch* Käse	Gemüsesuppe Lachskroketten* Tomaten und Gurken Käse	Kressesuppe Geschnetzeltes Kalbfleisch mit Gemüse* Käse	Luzernensalat* Ente mit Orangen Grüne Bohnen Joghurt**	Tomatencremesuppe Thunfischsalat Erdbeercreme*
ABENDESSEN	Tomatensaft Lachsfilets mit Petersiliensauce* Joghurt**	Gemischter Salat* Graupen Linsensauce* Joghurt**	Rohkost Hühnerbrust-Spieße orientalisch* Joghurt**	Karottensalat Erbsensuppe* Joghurt	Spinat-Bohnensprossen-Salat* Gegrillter Hummer Joghurt	Rohkost Delikate Sauce* Käse-Spinat-Röllchen* Schokolade mit 70% Kakaogehalt	Gemüsecremesuppe Champignon-Quiche Gurkensalat Joghurt

Gesunde Menüs • 9. Woche

* siehe Rezept
** mit ungezuckertem Fruchtaufstrich oder Apfelkompott verfeinern

	MONTAG	DIENSTAG	MITTWOCH	DONNERSTAG	FREITAG	SAMSTAG	SONNTAG
MITTAGESSEN	Artischockenherzen Gegrillte Kalbsleber Blumenkohl und Zucchini mit Curry* Käse	Griechischer Salat* Hühnerbrustfilet Grüne Bohnen Käse	Zwiebelsuppe* Champignon-Omelett Mousse au chocolat*	Rohkost Guacamole* Petersfischfilets mit Pecorino-Käse* Brokkoli Käse	Luzernensalat* Schweinefleisch mit Bohnensprossen* Rote Beeren mit Schlagsahne	Grüner Salat Hühnerbrust chinesischer Art* Käse	Petersiliensuppe* Thunfisch provenzalisch* Käse
ABENDESSEN	Minestrone* Gewürzte Garnelen* Schokolade mit 70 % Kakaogehalt	Spinat-Bohnen-sprossen-Salat* Reissalat mit Linsen* Joghurt**	Gemischter Salat* Hähnchen Nizzaer Art Joghurt	Gemüsesuppe Makkaroni mit drei Käsesorten*	Gurkensalat Meeresfrüchte am Spieß* Joghurt	Spinatcremesuppe* Hirse mit Gemüse Joghurtcreme mit Himbeeren*	Tomatensalat Rühreier mit gekochtem Schinken* Käse

Gesunde Menüs • 10. Woche

* siehe Rezept
** mit ungezuckertem Fruchtaufstrich oder Apfelkompott verfeinern

	MONTAG	DIENSTAG	MITTWOCH	DONNERSTAG	FREITAG	SAMSTAG	SONNTAG
MITTAGESSEN	Gemischter Salat* Rindfleisch Montrealer Art* Gedämpftes Gemüse Mousse au chocolat*	Spinatcremesuppe* Hühnerbrustfilet Gedünstetes Paprikagemüse* Käse	Rohkost Kalte Salsa* Tomaten gefüllt mit Eiern* Käse	Lachssalat Käse	Luzernensalat* Kalbsragout* Käse	Grüner Salat Überbackenes Gemüse* Käse	Tomatensalat Gegrillter Schellfisch Gedämpfter Kohl Käse
ABENDESSEN	Avocadosalat* Fisch in Folie gegart* Blumenkohl und Zucchini mit Curry* Magerer Käse	Minestrone* Taboulé-Salat mit Kichererbsen* Joghurt	Gemüsesuppe Hühnerbrust mariniert in Ingwer und Orangensaft* Magerer Käse	Spinat-Bohnensprossen-Salat* Vegetarisches Chili* Blumenkohl und Zucchini mit Curry* Joghurt**	Chinesische Suppe* Meeresfrüchte am Spieß* Joghurtcreme mit Himbeeren*	Zwiebelsuppe* Fusilli Tomaten-Paprika-Sauce* Erdbeercreme*	Grüner Salat Spargel-Quiche Joghurt

Gesunde Menüs • 11. Woche

* siehe Rezept
** mit ungezuckertem Fruchtaufstrich oder Apfelkompott verfeinern

	MONTAG	DIENSTAG	MITTWOCH	DONNERSTAG	FREITAG	SAMSTAG	SONNTAG
MITTAGESSEN	Rohkost Rotes Paprikagemüse andalusisch* Käse	Chicoréesalat Hühnerbrustfilet Weiße Sauce mit Spinat* Käse	Spinat-Garnelen-Salat Überbackene Zucchini* Rote Beeren mit Schlagsahne	Blumenkohlcreme-suppe* Thunfischsalat Käse	Palmherzen Lammfrikadellen mit Parmesansauce* Ratatouille* Käse	Graupensuppe* Gefüllte Hühnerbrust* Schokoladen-bonbons*	Tomatensalat Omelett mexikanisch* Käse
ABENDESSEN	Champignoncreme-suppe* Überbackene Forellenfilets* Gedämpftes Gemüse Joghurt	Gemischter Salat* Vollkornnudeln Tomatensauce mit Tofu* Joghurtcreme mit Himbeeren*	Rohkost Putenkeule in Weißweinsauce Zucchini-Paprika-Spieße* Joghurt	Gemüsesuppe Wildreissalat* Pudding mit Waldbeeren*	Kraftbrühe* Rohkost Lachsfilets Knackiges Rahm-gemüse* Joghurt**	Gemischter Salat* Falafel* Bohnen Joghurt	Kohlsuppe Marinierte Garnelen* Gefüllte Zucchini* Schokolade mit 70 % Kakaogehalt

Gesunde Menüs • 12. Woche

* siehe Rezept
** mit ungezuckertem Fruchtaufstrich oder Apfelkompott verfeinern

	MONTAG	DIENSTAG	MITTWOCH	DONNERSTAG	FREITAG	SAMSTAG	SONNTAG
MITTAGESSEN	Avocadosalat*	Muscheln im eigenen Saft mit Zwiebeln gekocht	Kressesalat	Grüner Salat	Lauch-Kresse-Suppe*	Gemischter Salat*	Luzernensalat*
	Schweinekoteletts mit Tomaten-Pesto*	Moussaka*	Omelett spanisch	Petersfischfilets mit Pecorino-Käse*	Kalbsleber	Ente mit Orangen	Seezungenfilets in Weißweinsauce*
	Brokkoli	Rosenkohl*		Gedünstete Champignons	Erbsen-Zwiebel-Gemüse*	Brokkoli	Marinierte Champignons*
	Käse	Schokoladencreme*	Käse	Käse	Käse	Käse	Käse
ABENDESSEN	Karottensalat	Gemüsesuppe	Lauchsuppe	Gemischter Salat*	Griechischer Salat*	Minestrone*	Rettich-Fenchel-Salat*
	Käse-Spinat-Röllchen*	Hirsesalat	Gegrillte Hühnerbrust	Weiße Bohnen in Tomatensauce	Lachskroketten* Reis	Reissalat mit Linsen*	Brokkoli-Omelett*
		Spinat		Spargel	Gedämpftes Gemüse		
	Joghurt**	Joghurt	Erdbeercreme*	Joghurt	Joghurt**	Joghurt**	Joghurtcreme mit Himbeeren*

SUPPEN

BLUMENKOHLCREMESUPPE

Für 4 Personen

ZUTATEN:

3 EL	kaltgepresstes Olivenöl (Erstpressung)
1	mittelgroße, in Scheiben geschnittene Zwiebel
1	kleiner Blumenkohl, in Röschen geteilt
3 EL	frische, fein gehackte Petersilie
1/2 l	Wasser
1/4 l	entfettete hausgemachte Hühnerbrühe
1/4 l	Sahne mit 15 % Fettgehalt
•	Salz und Pfeffer nach Belieben

Olivenöl in einen Topf geben und die Zwiebelscheiben bei schwacher Hitze 3 Minuten darin dünsten. Blumenkohlröschen und Petersilie zufügen. Den Deckel schräg auf den Topf legen, weitere 8 – 10 Minuten dünsten.

Wasser und Hühnerbrühe angießen, zum Kochen bringen. Das Ganze im halb geschlossenen Topf 5 Minuten sachte kochen lassen.

Den Topfinhalt in einen Mixer geben und unter Zufügen der Sahne pürieren. Das Püree einige Minuten leicht erhitzen, bis eine sämige Suppe entstanden ist.

Vor dem Servieren salzen und pfeffern.

BOHNENSUPPE

Für 4 – 6 Personen

ZUTATEN:

1 EL	kaltgepresstes Olivenöl (Erstpressung)
1	große gehackte Zwiebel
1	große geschälte und zerdrückte Knoblauchzehe
2 TL	Chilipulver
1/2 TL	getrockneter Oregano
1/2 TL	getrockneter Majoran
2 l	entfettete hausgemachte Hühnerbrühe
450 g	Tomaten, in Würfel geschnitten
1/2 TL	Salz
1/4 TL	gemahlener schwarzer Pfeffer
1/4	grob gehackter Grünkohl
70 g	kleine Vollkorn-Suppennudeln
500 ml	gekochte weiße Bohnen (siehe Zubereitung S. 189)
•	frischer Spinat nach Belieben

Olivenöl in einen großen Topf geben und die Zwiebelstücke bei mittlerer Hitze etwa 5 Minuten glasig dünsten.

Zerdrückten Knoblauch, Chilipulver, Oregano und Majoran zufügen, nochmals eine halbe Minute dünsten.

Hühnerbrühe angießen, Tomatenwürfel hineingeben und mit Salz und Pfeffer würzen. Das Ganze zum Kochen bringen, mit einem Deckel verschließen und 15 Minuten sachte kochen lassen.

Kohlstücke zufügen und im geschlossenen Topf bei schwacher Hitze weitere 20 Minuten kochen, bis der Kohl weich ist.

Bohnen und Nudeln hineingeben, gut umrühren und einige Minuten kochen lassen.

Kurz vor dem Servieren Spinat zufügen.

CHAMPIGNONCREMESUPPE (V)

Für 2 – 3 Personen

ZUTATEN:

75 g	Champignonstiele
3/8 l	Wasser
1 TL	kaltgepresstes Olivenöl (Erstpressung)
1/2	mittelgroße, gehackte Zwiebel
1	geschälte und zerdrückte Knoblauchzehe
220 g	Champignonscheiben
1/8 l	Sahne mit 15 % Fettgehalt
•	Salz und Pfeffer nach Belieben

Wasser in einen Topf geben, mit den Champignonstielen zum Kochen bringen und 30 Minuten bei schwacher Hitze kochen.

Den Sud und die Champignonstiele durch ein Sieb in eine Schüssel passieren, beiseite stellen.

Olivenöl in den gleichen Topf geben und Zwiebelstücke und zerdrückten Knoblauch darin andünsten. Champignonscheiben zufügen und das Ganze bei mittlerer Hitze weitere 5 Minuten dünsten.

Sud und Sahne angießen, mit Salz und Pfeffer würzen. Den Topfinhalt 5 Minuten sachte kochen lassen, dabei ab und zu umrühren.

Sofort servieren.

CHINESISCHE SUPPE

Für 3 – 4 Personen

ZUTATEN:

1 EL	kaltgepresstes Olivenöl (Erstpressung)
2	geschälte und zerdrückte Knoblauchzehen
3/4 l	entfettete hausgemachte Hühnerbrühe
100 g	chinesisches Gemüse (Tiefkühlkost)
1 EL	frischer, fein gehackter Ingwer
1/2 TL	chinesisches Gewürzpulver
1/2 TL	gemahlener schwarzer Pfeffer
10	mittelgroße frische Kammmuscheln
10	mittelgroße frische Garnelen
1/2 TL	Sesamöl

Zerdrückten Knoblauch in einem großen Topf bei mittlerer Hitze 1 Minute in Olivenöl dünsten.

Hühnerbrühe angießen, zum Kochen bringen. Gemüse, Ingwerstückchen und Gewürze zufügen. Das Ganze zugedeckt 5 Minuten sachte kochen lassen.

Kammmuscheln und Garnelen hineingeben. Weitere 3 – 5 Minuten kochen, bis die Garnelen eine rosa Farbe angenommen haben und die Kammmuscheln glasig geworden sind.

Kurz vor dem Servieren Sesamöl zufügen.

ERBSENSUPPE

Für 4 Personen

ZUTATEN:

250 g	gelbe Erbsen
1 EL	kaltgepresstes Olivenöl (Erstpressung)
1	Selleriestange, in Stücke geschnitten
1	mittelgroße, fein gehackte Zwiebel
3/4 l	entfettete hausgemachte Hühnerbrühe
1/2 l	kaltes Wasser
1	geschälte und zerdrückte Knoblauchzehe
35 g	gekochter Schinken, in Würfel geschnitten
1 EL	frische, fein gehackte Petersilie
•	Salz und Pfeffer nach Belieben

Erbsen 10 – 12 Stunden in kaltem Wasser quellen lassen.

Olivenöl in einen Topf geben und Selleriestücke und Zwiebelstückchen bei schwacher Hitze darin dünsten.

Erbsen waschen, abtropfen lassen und mit den übrigen Zutaten hineingeben. Das Ganze zugedeckt 45 – 60 Minuten sachte kochen, bis die Erbsen weich sind.

GRAUPENSUPPE

Für 4 Personen

ZUTATEN:

1 1/4 l	entfettete hausgemachte Rinderbrühe
125 ml	Graupen (zuvor 8 Stunden quellen lassen)
1	mittelgroße, grob gehackte Zwiebel
1	Selleriestange, in Stücke geschnitten
1	große Lauchstange (ohne grüne Teile), in Ringe geschnitten
50 g	in Scheiben geschnittene Pilze
2 EL	frische, fein gehackte Petersilie
•	Pfeffer nach Belieben

Rinderbrühe in einem Topf zum Kochen bringen.

Graupen waschen, abtropfen lassen und zusammen mit dem Gemüse in den Topf geben. Das Ganze bei schwacher Hitze 30 Minuten kochen, bis das Gemüse gar ist.

Vor dem Servieren Petersilie zufügen und mit Pfeffer würzen.

LAUCH-KRESSE-SUPPE

Für 4 Personen

ZUTATEN:

1/2 EL	kaltgepresstes Olivenöl (Erstpressung)
1	kleine Lauchstange (ohne grüne Teile), in Ringe geschnitten
1/2	grüne Paprikaschote, in Stückchen geschnitten
1	geschälte und zerdrückte Knoblauchzehe
1 EL	frischer, fein gehackter Ingwer
175 ml	gewaschene und entstielte Kresse
3/4 l	entfettete hausgemachte Hühnerbrühe
1 TL	Sesamöl
1 Prise	Cayennepfeffer

Olivenöl in einem Topf erhitzen. Lauchringe, Paprikastückchen, zerdrückten Knoblauch und Ingwerstückchen zufügen und 5 Minuten dünsten, bis der Lauch weich ist.

Kresse, Hühnerbrühe und Sesamöl hineingeben und mit Cayennepfeffer würzen. Das Ganze gut umrühren und zum Kochen bringen. Danach bei schwacher Hitze 15 Minuten kochen lassen.

MINESTRONE

Für 4 Personen

ZUTATEN:

2 EL	kaltgepresstes Olivenöl (Erstpressung)
1	große, fein gehackte Zwiebel
2	geschälte und zerdrückte Knoblauchzehen
1 1/4 l	entfettete hausgemachte Hühnerbrühe
2	in Stücke geschnittene Selleriestangen
1/4	grob gehackter kleiner Kohlkopf
250 g	zerdrückte Tomaten
225 g	Tomatenwürfel
2 EL	Tomatenmark
1 TL	getrocknetes Basilikum
1 EL	getrockneter Oregano
1/4 TL	gemahlener schwarzer Pfeffer
1	Zucchini, in Scheiben geschnitten
70 g	kleine Vollkorn-Suppennudeln
125 ml	gekochte rote Bohnen (siehe Zubereitung S. 189)
125 ml	gekochte weiße Bohnen (siehe Zubereitung S. 189)

Olivenöl in einen Topf geben und Zwiebelstückchen und zerdrückten Knoblauch bei mittlerer Hitze 2 – 3 Minuten darin glasig dünsten.

Hühnerbrühe angießen, Sellerie- und Kohlstücke, Tomaten, Tomatenmark und Gewürze zufügen. Das Ganze gut umrühren und zum Kochen bringen. Danach zugedeckt 20 Minuten sachte kochen lassen.

Zucchinischeiben und Nudeln hineingeben, umrühren. Im geschlossenen Topf nochmals 10 – 15 Minuten kochen. Rote und weiße Bohnen dazugeben, vermengen und weitere 3 Minuten kochen.

PETERSILIENSUPPE

Für 3 – 4 Personen

ZUTATEN:

3/4 l	entfettete hausgemachte Hühnerbrühe
50 ml	trockener Weißwein
1	grob gehackte Selleriestange
1	gehackte Frühlingszwiebel
500 ml	frische, gehackte Petersilie
50 ml	Sahne mit 15 % Fettgehalt
•	Salz und Pfeffer nach Belieben
•	Paprikagewürz nach Belieben

Hühnerbrühe und Wein in einen Topf gießen. Sellerie- und Zwiebelstücke zufügen und das Ganze zum Kochen bringen. Petersilie hineingeben, bei mittlerer Hitze weitere 3 Minuten kochen.

Den Topfinhalt abkühlen lassen, danach im Mixer pürieren.

Die Suppe wieder in den Topf geben, Sahne unterrühren. Mit Salz und Pfeffer würzen, nochmals 10 Minuten sachte kochen lassen.

Vor dem Servieren mit Paprika bestreuen.

SPINATCREMESUPPE (V)

Für 4 Personen

ZUTATEN:

1 EL	kaltgepresstes Olivenöl (Erstpressung)
1	mittelgroße, fein gehackte Zwiebel
1	kleine geschälte und zerdrückte Knoblauchzehe
200 g	frischer Spinat, gewaschen, entstielt und getrocknet
1/2 l	Wasser oder entfettete hausgemachte Hühnerbrühe
1/2 l	Sahne mit 15 % Fettgehalt
•	Salz und Pfeffer nach Belieben

Olivenöl in einen Topf geben und Zwiebelstückchen und zerdrückten Knoblauch bei schwacher Hitze 2 Minuten dünsten. Spinat zufügen, unter ständigem Rühren weitere 2 Minuten dünsten.

Wasser oder Hühnerbrühe angießen, zum Kochen bringen. Im halb geschlossenen Topf 5 Minuten sachte kochen lassen.

Das Ganze unter Zufügen der Sahne im Mixer pürieren. Danach einige Minuten leicht erhitzen, bis eine sämige Suppe entstanden ist.

Vor dem Servieren mit Salz und Pfeffer würzen.

ZWIEBELSUPPE

Für 4 Personen

ZUTATEN:

4	große, in Scheiben geschnittene Zwiebeln
1 l	entfettete hausgemachte Rinderbrühe
1/8 l	trockener Weißwein
•	Salz und Pfeffer nach Belieben
2	kleine Scheiben getoastetes Schrotbrot
100 g	geriebener, fettarmer Emmentaler oder Greyerzer

Zwiebelscheiben und Rinderbrühe in einen Topf geben, zum Kochen bringen und 20 Minuten sachte kochen lassen.

Weißwein angießen, weitere 5 Minuten kochen. Salzen und pfeffern.

Den Backofen vorheizen.

Den Topfinhalt in Suppenschalen füllen und mit je einem Stück Toastbrot belegen. Geriebenen Käse aufstreuen und das Ganze im Backofen 8 – 10 Minuten überbacken.

SALATE

AVOCADOSALAT (V)

(Foto nach Seite 48)

Für 4 – 6 Personen

ZUTATEN:

1 Kopf	roter Friséesalat
2	reife Avocados, geviertelt
1	Tomate, geviertelt
2	Frühlingszwiebeln, in Scheiben geschnitten
•	Senf-Salatsauce (siehe Rezept S. 59)

Salatblätter waschen, trocknen und zerpflücken. Sämtliche Zutaten in eine Schüssel geben und gut miteinander vermengen.

Vor dem Servieren mit der Salatsauce begießen.

BLUMENKOHL-BROKKOLI-SALAT (V)

Für 4 Personen

ZUTATEN:

200 g	Blumenkohl, in kleine Röschen geteilt
100 g	Brokkoli, in kleine Röschen geteilt
1/4	rote Paprikaschote, in Streifen geschnitten
30 g	entsteinte und halbierte schwarze Oliven
50 ml	kaltgepresstes Olivenöl (Erstpressung)
•	Saft einer frischen Zitrone
1	geschälte und zerdrückte Knoblauchzehe
1 EL	Balsamessig
1 TL	Dijon-Senf
1 Prise	gemahlener schwarzer Pfeffer
1 EL	frische, fein gehackte Petersilie

Wasser in einem großen Topf zum Kochen bringen, Blumenkohlröschen 2 Minuten darin kochen.

Brokkoliröschen zufügen, weitere 3 Minuten kochen.

Paprikastreifen hineingeben und das ganze Gemüse in 3 – 4 Minuten bissfest kochen. Unter kaltem Wasser abspülen, abtropfen lassen. Dann in eine Salatschüssel geben und Olivenhälften zufügen. Alles gut miteinander vermengen.

Olivenöl, Zitronensaft, Knoblauch, Balsamessig, Senf und Pfeffer in einer kleinen Schüssel verrühren.

Marinade über den Salat gießen, mit Petersilie bestreuen. Alles gut miteinander vermischen, gekühlt oder ungekühlt servieren.

GARNELEN-PALMHERZEN-SALAT

(Foto vor Seite 49)
Für 4 Personen

ZUTATEN:

24	mittelgroße Garnelen, gekocht, geschält und vom Darm befreit
1 Dose	Palmherzen, abgetropft
2	reife Avocados, geviertelt
1	Selleriestange, in Stücke geschnitten
6	Cocktailtomaten, halbiert
•	Sahne-Salatsauce (siehe Rezept S. 56)

Salatzutaten in einer Schüssel vermengen.

Sahne-Salatsauce zufügen, alles gut miteinander vermischen. Vor dem Servieren 10 Minuten ziehen lassen.

GEMISCHTER SALAT (V)

Für 4 – 6 Personen

ZUTATEN:

1/2 Kopf	Radicchio
1/2 Kopf	roter Friséesalat
1/2	krauser Kopfsalat
1/2	Chicorée
1/2 Kästchen	Kresse
1/2	gelbe Paprikaschote, in Würfel geschnitten
3 EL	frische, fein gehackte Petersilie
1 EL	frischer, fein gehackter Schnittlauch
•	Senf-Salatsauce (siehe Rezept S. 59)

Salatblätter und Kresse waschen, trocknen. Dann zerpflücken und in eine Schüssel geben.

Paprikawürfel zufügen, mit Petersilie und Schnittlauch bestreuen. Alles gut miteinander vermengen. Vor dem Servieren mit der Salatsauce begießen.

GRIECHISCHER SALAT (V)

Für 4 Personen

ZUTATEN:

- 2 mittelgroße vollreife Tomaten, geviertelt
- 2 mittelgroße Zwiebeln, geviertelt
- 200 g zerbröckelter Feta-Käse
- • Balsamessig-Salatsauce (siehe Rezept S. 54)
- • schwarze Oliven nach Belieben

Tomaten- und Zwiebelviertel sowie den Feta-Käse in eine Salatschüssel geben. Alles gut miteinander vermengen.

Balsamessig-Salatsauce untermischen. Mit Oliven garnieren. Vor dem Servieren 15 Minuten ziehen lassen.

KAISERSALAT

Für 4 Personen

ZUTATEN:

1	Römischer Salat (Sommer-Endivie)
evtl. 1	kleine Scheibe getoastetes Vollkornbrot, in Würfel geschnitten*
4 Scheiben	zerkleinerter, gekochter Bacon
3 EL (15 g)	frischer, geriebener Parmesan
•	Kaisersalatsauce (siehe Rezept S. 55)

Salatblätter waschen, trocknen. Dann zerpflücken und in eine Schüssel geben. Salatsauce untermischen.

Parmesan und Bacon aufstreuen. Vor dem Servieren alles gut miteinander vermengen.

 TIPP:

* ohne Vollkornbrot - Phase I

LAUCHSALAT (V)

Für 4 Personen

ZUTATEN:

4	mittelgroße Lauchstangen
30 g	schwarze Oliven, in Scheiben geschnitten
70 g	zerbröckelter Feta-Käse
einige Blätter	Kopfsalat
•	Salatsauce aus drei Ölsorten (siehe Rezept S. 57)

Lauchstangen so abschneiden, dass nur 5 cm der grünen Lauchteile übrigbleiben. Dann der Länge nach einschneiden und sehr gründlich waschen. Den Lauch in 10 cm lange Stücke schneiden und gar dämpfen, abtropfen lassen.

Vier Teller mit Salatblättern auslegen und Lauch darauf anrichten. Olivenscheiben und Feta darauf verteilen. Mit der Salatsauce begießen.

LUZERNENSALAT (V)

Für 4 Personen

ZUTATEN:

1	krauser Kopfsalat
500 ml	Luzerne (Schneckenklee)
1	vollreife Tomate, geviertelt
1	Cornichon (kleine eingelegte saure Gürkchen), in dünne Scheiben geschnitten
2	Frühlingszwiebeln, in Scheiben geschnitten
•	Salatsauce nach Wahl (siehe Rezepte von S. 54 bis S. 60)

Salatblätter waschen, trocknen. Dann zerpflücken und in eine Schüssel geben.

Restliche Zutaten zufügen, alles gut miteinander vermengen. Vor dem Servieren mit der Salatsauce begießen.

ORIENTALISCHER SALAT (V)

Für 3 – 4 Personen

ZUTATEN:

250 g	Kohl, in dünne Streifen geschnitten
1/2	rote Paprikaschote, in Stücke geschnitten
100 g	halbierte Zuckererbsenschoten
1	Frühlingszwiebel, in Ringe geschnitten

SALATSAUCE

2 EL	Tamari-Sauce*
2 EL	Wasser
1 EL	frischer, fein gehackter Ingwer
2 TL	Sesamöl
1/4 TL	Knoblauchpulver
1/4 TL	Chilipulver

Sämtliche Salatzutaten in einer Schüssel vermischen.

Salatsauce in einer kleinen Schüssel anrühren. Vor dem Servieren über den Salat gießen.

* Tamari: auf natürliche Weise fermentierte Sojasauce, die keinen Weizen enthält

Abb. rechts: Avocadosalat → Rezept Seite 40

RETTICH-FENCHEL-SALAT (V)

Für 4 Personen

ZUTATEN:

100 g	fein gehackter Wirsingkohl
250 g	Rettich, in dünne Scheiben geschnitten
2	fein gehackte Frühlingszwiebeln
1	Fenchelknolle, in Scheiben geschnitten

SALATSAUCE

1/8 l	kaltgepresstes Olivenöl (Erstpressung)
50 ml	Balsamessig
1/2 TL	Senfpulver
1/4 TL	gemahlener schwarzer Pfeffer
1 Prise	Salz

Kohl, Rettich, Zwiebeln und Fenchel in eine Schüssel geben und miteinander vermischen.

Salatsauce in einer kleinen Schüssel anrühren. Vor dem Servieren über den Salat gießen.

Abb. links: Garnelen-Palmherzen-Salat → Rezept Seite 42

SALAT AUS WEISS- UND ROTKOHL (V)

Für 4 Personen

ZUTATEN:

250 g	gehobelter Weißkohl
125 g	gehobelter Rotkohl
1/2	grüne Paprikaschote, in Stücke geschnitten
1	Selleriestange, in Würfel geschnitten
1	fein gehackte Frühlingszwiebel

SALATSAUCE

125 g	Naturjoghurt
1 EL	kaltgepresstes Olivenöl (Erstpressung)
1/2 TL	Dijon-Senf
1	geschälte und zerdrückte Knoblauchzehe
•	Salz und Pfeffer nach Belieben

Salatzutaten in einer Schüssel vermischen.

Salatsauce in einer kleinen Schüssel anrühren, über den Salat gießen. Vor dem Servieren alles gut miteinander vermengen.

SPINAT-BOHNENSPROSSEN-SALAT

Für 4 Personen

ZUTATEN:

35 g	frischer, entstielter Spinat
500 ml	Sprossen aus Dicken Bohnen
1/2	rote Paprikaschote, in Streifen geschnitten
•	Tamari-Salatsauce (siehe Rezept S. 60)

Spinat und Bohnensprossen waschen, trocknen. Spinat zerpflücken und mit den Bohnensprossen und den Paprikastreifen in eine Schüssel geben. Alles gut miteinander vermengen.

Vor dem Servieren mit der Salatsauce begießen.

ZUCKERERBSEN-ESKARIOL-SALAT

Für 4 - 6 Personen

ZUTATEN:

50 g	Zuckererbsenschoten
1	Friséesalat
1/2 Kopf	Eskariol (glatte Endivie)
1/2 Kopf	Radicchio
1/2	rote Paprikaschote, in dünne Streifen geschnitten
•	Tamari-Salatsauce (siehe Rezept S. 60)

Schoten putzen, waschen. In 2 Minuten gar dämpfen. Dann unter kaltem Wasser abspülen, trocknen. Beiseite stellen.

Friséesalat, Eskariol und Radicchio waschen, trocknen. Dann zerpflücken und in eine Schüssel geben.

Zuckererbsen und Paprikastreifen zufügen. Alles gut miteinander vermengen. Vor dem Servieren mit Tamari-Salatsauce begießen.

SALATSAUCEN

BALSAMESSIG-SALATSAUCE

(ergibt ca. 1/4 l)

ZUTATEN:

175 ml	kaltgepresstes Olivenöl (Erstpressung)
50 ml	entfettete hausgemachte Hühnerbrühe
3 EL	Balsamessig
2 EL	frischer Zitronensaft
1	große geschälte und zerdrückte Knoblauchzehe
1 EL	frischer, fein gehackter Oregano
1 EL	frisches, fein gehacktes Basilikum
•	Salz und Pfeffer nach Belieben

In einer Schüssel sämtliche Zutaten zu einer Salatsauce verrühren.

KAISERSALATSAUCE (V)

(ergibt ca. 1/8 l)

ZUTATEN:

1	großes Eigelb
2 EL	frischer Zitronensaft
1	große geschälte und zerdrückte Knoblauchzehe
1/8 l	kaltgepresstes Olivenöl (Erstpressung)
•	Salz und Pfeffer nach Belieben

Eigelb in einer Schüssel verquirlen. Zitronensaft und zerdrückten Knoblauch zufügen. Dann unter ständigem Rühren nach und nach Olivenöl hineingeben. Salzen und pfeffern.

SAHNE-SALATSAUCE (V)

(ergibt ca. 175 ml)

ZUTATEN:

1	Eigelb
2 TL	Dijon-Senf
2 TL	frische, fein gehackte Petersilie
•	Salz und Pfeffer nach Belieben
2 EL	frischer Zitronensaft
50 ml	kaltgepresstes Olivenöl (Erstpressung)
50 ml	kaltgepresstes Sonnenblumenöl (Erstpressung)
2 EL	saure Sahne

Eigelb mit Senf und Petersilie in einer Schüssel verquirlen. Salz, Pfeffer und Zitronensaft zufügen.

Olivenöl und Sonnenblumenöl unter ständigem Rühren nach und nach hineingeben, saure Sahne zufügen.

SALATSAUCE AUS DREI ÖLSORTEN (V)

(ergibt ca. 1/4 l)

ZUTATEN:

50 ml	kaltgepresstes Olivenöl (Erstpressung)
50 ml	kaltgepresstes Sonnenblumenöl (Erstpressung)
50 ml	kaltgepresstes Rapsöl (Erstpressung)
50 ml	frischer Zitronensaft
2	geschälte und zerdrückte Knoblauchzehen
1 EL	Dijon-Senf
1 EL	frischer, fein gehackter Koriander
1 EL	frischer, fein gehackter Estragon
•	Salz und Pfeffer nach Belieben

In einer Schüssel sämtliche Zutaten zu einer Salatsauce verrühren.

SALATSAUCE MIT LIMETTENGESCHMACK (V)

(ergibt ca. 175 ml)

ZUTATEN:

1/8 l	kaltgepresstes Olivenöl (Erstpressung)
3 EL	frischer Limettensaft
1 1/2 EL	Balsamessig
1 EL	Dijon-Senf
1	kleine geschälte und zerdrückte Knoblauchzehe
•	Salz und Pfeffer nach Belieben

In einer kleinen Schüssel sämtliche Zutaten zu einer Salatsauce verrühren.

SENF-SALATSAUCE (V)

(ergibt ca. 1/8 l)

ZUTATEN:

1/8 l	kaltgepresstes Olivenöl (Erstpressung)
2 EL	Dijon-Senf
1 1/2 EL	frischer Zitronensaft
1	große geschälte und zerdrückte Knoblauchzehe
2 TL	frische, fein gehackte Petersilie
•	Salz und Pfeffer nach Belieben

In einer kleinen Schüssel sämtliche Zutaten zu einer Salatsauce verrühren.

TAMARI-SALATSAUCE

(ergibt ca. 150 ml)

ZUTATEN:

1/8 l	entfettete hausgemachte Hühnerbrühe
1 – 2 EL	Tamari-Sauce (Sojasauce)*
•	Saft einer frischen, halben kleinen Zitrone
1	große geschälte und zerdrückte Knoblauchzehe
1 EL (15 ml)	Trockenhefe

In einer kleinen Schüssel sämtliche Zutaten zu einer Salatsauce verrühren.

* Tamari: auf natürliche Weise fermentierte Sojasauce, die keinen Weizen enthält

COCKTAILSAUCEN

BRUCHETTA (V)

(ergibt etwa 150 g)

ZUTATEN:

2	mittelgroße vollreife Tomaten, entkernt und fein gehackt
1 EL	fein gehackte Zwiebel
1	große geschälte und zerdrückte Knoblauchzehe
1 EL	kaltgepresstes Olivenöl (Erstpressung)
1 TL	frischer Zitronensaft
1/2 TL	Balsamessig
1 EL	Basilikum-Pesto
1 EL	frische, fein gehackte Petersilie
•	Salz und Pfeffer nach Belieben

Sämtliche Zutaten in eine Schüssel geben und gut miteinander vermischen. Vor dem Servieren 3 – 4 Stunden in den Kühlschrank stellen.

EMPFEHLUNG

Zu Fleisch, Fisch, Hülsenfrüchten oder Reis reichen.

REZEPT FÜR PHASE II

BUNTES KICHERERBSENPÜREE (V)

(ergibt etwa 500 g)

ZUTATEN:

250 ml	gekochte Kichererbsen (siehe Rezept S. 189)
75 ml	Sesambutter
2 EL	kaltgepresstes Olivenöl (Erstpressung)
2 EL	rote Paprikastückchen
2 EL	grüne Paprikastückchen
1	große geschälte und zerdrückte Knoblauchzehe
2 TL	frischer Limettensaft
1 EL	frische, fein gehackte Minze
•	Salz und Pfeffer nach Belieben

Bis auf die Kichererbsen sämtliche Zutaten im Mixer pürieren.

Kichererbsen nach und nach in den Mixer geben. Bei Bedarf etwas Brühe oder Wasser angießen, um eine sämigere Masse zu erhalten. Abschmecken.

EMPFEHLUNG

Auf Vollkorn-Cracker (Phase II) servieren.

DELIKATE SAUCE (V)

(ergibt etwa 250 g)

ZUTATEN:

125 g	saure Sahne
50 g	Naturjoghurt
2 EL	fein gehackte rote Zwiebel
1	geschälte und zerdrückte Knoblauchzehe
2 EL	frischer, fein gehackter Schnittlauch
evtl. 1 TL	frischer, fein gehackter Dill

Sämtliche Zutaten in einem luftdicht verschließbaren Behälter miteinander vermengen.

Vor dem Servieren etwa 45 Minuten kühl stellen.

EMPFEHLUNG

Zu Rohkost oder gegrilltem Fleisch reichen.

GUACAMOLE (V)

(ergibt etwa 500 ml)

ZUTATEN:

- 2 mittelgroße, vollreife Avocados, geschält
- • Saft einer halben Zitrone
- 1 fein gehackte Tomate
- 1 fein gehackte Schalotte
- 2 geschälte und zerdrückte Knoblauchzehen
- 1/4 TL gemahlener schwarzer Pfeffer

Avocados mit dem Zitronensaft im Mixer pürieren oder mit einer Gabel zerdrücken.

Restliche Zutaten zum Avocadopüree geben und alles gut miteinander vermengen.

EMPFEHLUNG

Auf Vollkorn-Cracker (Phase II) servieren oder zu Rohkost (Phase I) reichen.

KALTE SALSA (V)

(ergibt etwa 500 ml)

ZUTATEN:

1 EL	kaltgepresstes Olivenöl (Erstpressung)
1	mittelgroße Zwiebel, in Würfel geschnitten
2	geschälte und zerdrückte Knoblauchzehen
1/2	grüne Paprikaschote, in Würfel geschnitten
1/2	rote Paprikaschote, in Würfel geschnitten
225 g	Tomaten, in Würfel geschnitten
1 TL	Rotweinessig
1/2 TL	Kümmel
1/4 TL	gemahlener schwarzer Pfeffer
1 Prise	Cayennepfeffer

Sämtliche Zutaten in einer Schüssel vermischen. Vor dem Servieren mindestens 12 Stunden in den Kühlschrank stellen.

KICHERERBSEN-DIP (V)

(ergibt etwa 300 ml)

ZUTATEN:

250 ml	gekochte Kichererbsen (siehe Rezept S. 189)
50 g	Naturjoghurt
1/2 TL	Currypulver
2 EL	frischer Zitronensaft

Sämtliche Zutaten im Mixer pürieren, bis eine sämige Masse entstanden ist.

EMPFEHLUNG

Auf Vollkorn-Cracker (Phase II) servieren oder zu Rohkost (Phase I) reichen.

MAYONNAISE (V)

(ergibt etwa 375 ml)

ZUTATEN:

1	großes Ei
1 TL	frischer Zitronensaft
1	geschälte und zerdrückte Knoblauchzehe
1 Prise	Salz
1/4 l	kaltgepresstes Olivenöl (Erstpressung)

Ei, Zitronensaft, Knoblauch und Salz im Mixer miteinander vermengen. Olivenöl nach und nach zufügen, bis eine cremige Mayonnaise entstanden ist.

PAPRIKASAUCE (V)

(ergibt etwa 250 ml)

ZUTATEN:

- 2 EL kaltgepresstes Olivenöl (Erstpressung)
- 2 EL frische, fein gehackte Petersilie
- 1 EL frischer Limettensaft
- 1 geschälte und zerdrückte Knoblauchzehe
- 2 mittelgroße gegrillte rote Paprikaschoten, in große Stücke geschnitten

Olivenöl, Petersilie, Limettensaft und Knoblauch im Mixer pürieren, bis die Petersilie vollständig zerkleinert ist.

Paprikaschoten hineingeben und pürieren, bis kleine Paprikastücke entstanden sind. Vor dem Servieren mindestens 30 Minuten bei Zimmertemperatur ruhen lassen.

EMPFEHLUNG

Zu Geflügel und Fisch in Phase I, zu Teigwaren oder Reis in Phase II reichen.

TZATZIKI (V)

(ergibt etwa 250 ml)

ZUTATEN:

175 g	saure Sahne
50 g	Naturjoghurt
2 EL	in Würfel geschnittene Cornichons (kleine sauer eingelegte Gürkchen)
2	große geschälte und zerdrückte Knoblauchzehen
1 EL	frischer Limettensaft
1 TL	kaltgepresstes Olivenöl (Erstpressung)
1/2 TL	Balsamessig
2 EL	frische, fein gehackte Petersilie

Sämtliche Zutaten in einer kleinen Schüssel mit einem Schneebesen gut verrühren.

Vor dem Servieren mindestens 2 Stunden kühl stellen.

EMPFEHLUNG

Zu Rohkost oder gegrilltem Fleisch reichen.

SAUCEN UND BRÜHEN

FLEISCHSAUCE

Für 6 Personen

ZUTATEN:

725 g	zerdrückte Tomaten
3/4 l	Tomatensauce
60 g	Tomatenmark
2 EL	kaltgepresstes Olivenöl (Erstpressung)
2	mittelgroße, grob gehackte Zwiebeln
1	grob gehackte Selleriestange
1	mittelgroße grüne Paprikaschote, grob gehackt
225 g	mageres Hackfleisch (Rind oder Kalb)
1 TL	Gemüsebrühe (Konzentrat)
1 1/2 EL	Kräuter der Provence
1/4 TL	Piment
•	Salz und Pfeffer nach Belieben
1	große geschälte und zerdrückte Knoblauchzehe

Zerdrückte Tomaten, Tomatensauce und Tomatenmark in einen großen Topf geben. Olivenöl, Zwiebel-, Sellerie- und Paprikastücke zufügen. Beiseite stellen.

Hackfleisch in einer antihaftbeschichteten Pfanne anbraten. Fett abgießen und das Fleisch mit der Gemüsebrühe in den Topf geben.

Mit Kräutern der Provence, Piment, Salz und Pfeffer würzen. Das Ganze gut umrühren, mit einem Deckel verschließen und bei schwacher Hitze 30 Minuten kochen lassen. Ab und zu umrühren.

Knoblauch hineingeben, nochmals 45 – 60 Minuten kochen, dabei den Deckel vom Topf nehmen.

HAUSGEMACHTE HÜHNERBRÜHE

(ergibt etwa 1 1/4 l)

ZUTATEN:

1	Suppenhuhn (Rumpf), in Teile zerlegt
1 1/2 l	Wasser
2	mittelgroße Zwiebeln, geviertelt
3	Selleriestangen mit Blättern, grob gehackt
1/2	weiße Rübe, in große Stücke geschnitten
2	große geschälte und zerdrückte Knoblauchzehen
1 EL	gehackte, getrocknete Petersilie
1/2 TL	getrocknete Kräuter der Provence
1	kleines Lorbeerblatt
•	Salz und Pfeffer nach Belieben

Sämtliche Zutaten in einen großen Topf geben. Das Ganze zum Kochen bringen und zugedeckt bei schwacher Hitze 1 1/2 – 2 Stunden kochen. Danach 30 Minuten ruhen lassen.

Hühnerbrühe durch ein feines Sieb in eine große Schüssel gießen.

Mit einem Deckel verschließen und kühl stellen. Vor dem Gebrauch die gekühlte Hühnerbrühe mit einem Löffel entfetten.

 TIPP:

Falls die Hühnerbrühe nicht innerhalb von drei Tagen verwendet wird, sollte sie eingefroren werden.

HAUSGEMACHTE RINDERBRÜHE

(ergibt etwa 1 1/4 l)

ZUTATEN:

1 EL	kaltgepresstes Olivenöl (Erstpressung)
1350 g	Rinderhesse (unterer Teil des Beins)
1 1/2 l	Wasser
2	mittelgroße, grob gehackte Zwiebeln
1	Selleriestange mit Blättern, gehackt
2	große geschälte und zerdrückte Knoblauchzehen
1/2 TL	getrocknete Kräuter der Provence
1 Prise	Senfpulver
•	Salz und Pfeffer nach Belieben

Olivenöl in einen großen Topf geben und das Rindfleisch darin anbraten. Restliche Zutaten zufügen, zum Kochen bringen. Das Ganze zugedeckt bei schwacher Hitze 1 1/2–2 Stunden kochen, danach 30 Minuten ruhen lassen.

Rinderbrühe durch ein feines Sieb in eine große Schüssel gießen.

Mit einem Deckel verschließen und kühl stellen. Vor dem Gebrauch die gekühlte Rinderbrühe mit einem Löffel entfetten.

 TIPP:

Falls die Rinderbrühe nicht innerhalb von drei Tagen verwendet wird, sollte sie eingefroren werden.

HEISSE SALSA (V)

(ergibt etwa 1 l)

ZUTATEN:

1 EL	kaltgepresstes Olivenöl (Erstpressung)
1	mittelgroße Zwiebel, in Würfel geschnitten
2	geschälte und zerdrückte Knoblauchzehen
1/2	grüne Paprikaschote, in Würfel geschnitten
1/2	rote Paprikaschote, in Würfel geschnitten
500 g	zerdrückte Tomaten
1 TL	Rotweinessig
1/2 TL	Kümmel
1/4 TL	gemahlener schwarzer Pfeffer
1 Prise	Cayennepfeffer

Olivenöl in einen Topf geben. Zwiebelwürfel, zerdrückten Knoblauch und Paprikawürfel darin dünsten, bis die Zwiebelwürfel glasig geworden sind.

Tomaten, Essig und Gewürze zufügen. Das Ganze gut miteinander vermengen und 30 Minuten sachte kochen lassen.

EMPFEHLUNG

Zu Geflügel und Fisch (Phase I), oder Lasagne (Phase II) reichen.

REZEPT FÜR PHASE II

ITALIENISCHE TOMATENSAUCE (V)

Für 3 – 4 Personen

ZUTATEN:

1 kg	frische italienische Tomaten, abgezogen
3	geschälte und zerdrückte Knoblauchzehen
2 EL	frisches, fein gehacktes Basilikum
2 EL	kaltgepresstes Olivenöl (Erstpressung)

Tomaten im Mixer pürieren.

Restliche Zutaten hineingeben und alles gut miteinander vermengen.

EMPFEHLUNG

Sauce auf heißen Vollkornnudeln servieren.

TIPP:

Tomaten 30 Sekunden in kochendes Wasser legen, damit sie sich leichter abziehen lassen.

KRAFTBRÜHE (V)

(ergibt etwa 1 l)

ZUTATEN:

1 1/4 l	Wasser
1/8 l	Rotweinessig
1/2 TL	grobes Salz
1	grob gehackte Selleriestange
25 g	gehackte Zwiebel
1/4 TL	getrockneter Thymian
1/2 TL	Pfefferkörner
1	Lorbeerblatt
1 TL	frische, fein gehackte Petersilie

Wasser in einem Topf zum Kochen bringen.

Sämtliche Zutaten hineingeben und zugedeckt 30 Minuten sachte kochen lassen.

Brühe durch ein feines Sieb gießen.

LINSENSAUCE (V)

Für 3 – 4 Personen

ZUTATEN:

1 EL	kaltgepresstes Olivenöl (Erstpressung)
1	mittelgroße, fein gehackte Zwiebel
1	geschälte und zerdrückte Knoblauchzehe
1	fein gehackte Selleriestange
55 g	in Scheiben geschnittene Champignons
480 g	zerdrückte Tomaten
150 g	Tomatenmark
1/2 TL	getrockneter Oregano
1/2 TL	getrocknetes Basilikum
1/4 TL	getrockneter Thymian
1/4 TL	gemahlener schwarzer Pfeffer
250 ml	gekochte Linsen (siehe Rezept S. 189)

Zwiebel- und Selleriestückchen, zerdrückten Knoblauch und Champignonscheiben in einem Topf in Olivenöl 2 – 3 Minuten dünsten.

Zerdrückte Tomaten, Tomatenmark und Gewürze zufügen. Das Ganze gut miteinander vermengen und etwa 10 Minuten sachte kochen lassen.

Linsen hineingeben, nochmals 5 Minuten kochen.

REZEPT FÜR PHASE II

PETERSILIEN-PESTO (V)

(ergibt etwa 750 ml)

ZUTATEN:

500 ml	frische, fein gehackte Petersilie
3 EL (15 g)	frischer, geriebener Parmesan
1	geschälte und zerdrückte Knoblauchzehe
100 g	Pinienkerne
1/8 l	kaltgepresstes Olivenöl (Erstpressung)

Petersilie, Parmesan, Knoblauch und Pinienkerne im Mixer zu einer glatten Masse verarbeiten.

Olivenöl nach und nach zufügen.

TIPP:

Anstelle von frischer Petersilie kann frisches Basilikum verwendet werden.

REZEPT FÜR PHASE II

ROTE SAUCE (V)

Für 3 – 4 Personen

ZUTATEN:

2 EL	kaltgepresstes Olivenöl (Erstpressung)
1	mittelgroße gehackte Zwiebel
2	geschälte und zerdrückte Knoblauchzehen
275 g	Naturjoghurt
50 ml	Sahne mit 15 % Fettgehalt
110 g	Tomaten, in Würfel geschnitten
50 g	zerdrückte Tomaten
50 ml	Weißwein
1/4 TL	gemahlener Muskat
1/4 TL	Salz
1/4 TL	gemahlener schwarzer Pfeffer

Olivenöl in einen Topf geben. Zerdrückten Knoblauch und Zwiebelstücke zufügen und bei mittlerer Hitze in 3 – 5 Minuten glasig dünsten.

Restliche Zutaten hineingeben und das Ganze 5 Minuten sachte kochen lassen. Sofort servieren.

EMPFEHLUNG

Zu Vollkornnudeln oder Spaghetti al dente.

Abb. rechts: Gefüllte grüne Paprikaschoten → Rezept Seite 87

TOMATEN-PAPRIKA-SAUCE (V)

Für 3 – 4 Personen

ZUTATEN:

2 EL	kaltgepresstes Olivenöl (Erstpressung)
1/2	mittelgroße, gehackte Zwiebel
1	geschälte und zerdrückte Knoblauchzehe
1	rote Paprikaschote, entkernt und in Stücke geschnitten
5	frische Tomaten, in Stücke geschnitten
12	frische, fein gehackte Basilikumblätter
1	Lorbeerblatt
1 Prise	grobes Salz
1/4 TL	gemahlener schwarzer Pfeffer

Olivenöl in einen Topf geben. Zerdrückten Knoblauch, Zwiebel- und Paprikastücke bei mittlerer Hitze 10 Minuten darin dünsten.

Tomatenstücke und Gewürze zufügen. Den Topf mit einem Deckel verschließen und das Ganze etwa 20 Minuten sachte kochen lassen. Ab und zu umrühren.

Lorbeerblatt herausnehmen und die Sauce im Mixer pürieren.

Abb. links: Kohlröllchen → Rezept Seite 93

TOMATENSAUCE MIT TOFU (V)

Für 4 – 6 Personen

ZUTATEN:

1 700 g	zerdrückte Tomaten
350 g	Tomatenmark
2	große geschälte und zerdrückte Knoblauchzehen
1 1/2 EL	Gemüsebrühe (Konzentrat)
2 TL	getrocknetes Basilikum
1 TL	getrocknete Kräuter der Provence
150 g	Tofu
2 EL	kaltgepresstes Olivenöl (Erstpressung)

Zerdrückte Tomaten und Tomatenmark in einen Topf geben. Zerdrückten Knoblauch, Gemüsebrühe, Basilikum und Kräuter der Provence zufügen. Mit einem Deckel verschließen und bei schwacher Hitze etwa 30 Minuten kochen lassen.

Tofu mit 60 ml Tomatenmark im Mixer zu einer homogenen Masse verarbeiten. Mit dem Olivenöl in die Sauce geben. Das Ganze ohne Deckel nochmals 30 – 45 Minuten kochen.

WEISSE SAUCE MIT SPINAT (V)

Für 3 – 4 Personen

ZUTATEN:

2 EL	kaltgepresstes Olivenöl (Erstpressung)
2	geschälte und zerdrückte Knoblauchzehen
1	mittelgroße gehackte Zwiebel
110 g	frischer Spinat, gewaschen, entstielt und gehackt
275 g	Naturjoghurt
50 ml	Weißwein
1/4 TL	gemahlener Muskat
1/4 TL	Salz
1/4 TL	gemahlener schwarzer Pfeffer
2 EL	Petersilien-Pesto (siehe Rezept S. 79)

Olivenöl in einem großen Stieltopf erhitzen. Zerdrückten Knoblauch und Zwiebelstücke hineingeben und in 3 – 5 Minuten glasig dünsten.

Spinat zufügen, nochmals 1 Minute unter ständigem Rühren dünsten.

Restliche Zutaten hineingeben und das Ganze 2 – 3 Minuten kochen lassen, dabei ab und zu umrühren. Sofort servieren.

EMPFEHLUNG

Zu Geflügel, hellem Fisch oder Vollkornnudeln reichen.

FLEISCH

CHILI CON CARNE

Für 4 Personen

ZUTATEN:

3 EL	kaltgepresstes Olivenöl (Erstpressung)
1	große, grob gehackte Zwiebel
1/2	grüne Paprikaschote, in große Stücke geschnitten
1	grob gehackte Selleriestange
450 g	mageres Rinderhackfleisch
3	geschälte und zerdrückte Knoblauchzehen
2 TL	getrockneter Oregano
2 TL	Kümmel
1–2 TL	Chilipulver
1 100 g	zerdrückte Tomaten
2 TL	Gemüsebrühe (Konzentrat)
1 TL	Tamari-Sauce
500 ml	gekochte rote Bohnen (siehe Rezept S. 189)

Olivenöl in einen Stieltopf geben und Zwiebel-, Paprika- und Selleriestücke bei schwacher Hitze darin dünsten.

In der Zwischenzeit Hackfleisch in einem Topf anbraten. Gedünstetes Gemüse, zerdrückten Knoblauch und Gewürze hineingeben. Alles gut miteinander vermengen und bei schwacher Hitze einige Minuten dünsten.

Zerdrückte Tomaten, Gemüsebrühe und Tamari-Sauce zufügen. Das Ganze 30 Minuten sachte kochen lassen.

Rote Bohnen hineingeben, nochmals etwa 15 Minuten kochen.

REZEPT FÜR PHASE II

GEFÜLLTE GRÜNE PAPRIKASCHOTEN

(Foto nach Seite 80)

Für 4 Personen

ZUTATEN:

8	mittelgroße grüne Paprikaschoten
3 EL	kaltgepresstes Olivenöl (Erstpressung)
10	in Scheiben geschnittene Frühlingszwiebeln
225 g	in Scheiben geschnittene Champignons
125 g	in Scheiben geschnittener Sellerie
450 g	mageres Kalbshackfleisch
2	geschälte und zerdrückte Knoblauchzehen
1 TL	getrocknete Kräuter der Provence
4	mittelgroße vollreife Tomaten, in Würfel geschnitten
1 TL	Gemüsebrühe (Konzentrat)
75 ml	heißes Wasser
•	Salz und Pfeffer nach Belieben
175 ml	gekochte Graupen (siehe Rezept S. 188)
40 g	frischer, geriebener Parmesan
125 g	fettarmer, geriebener Mozzarella

Paprikaschoten der Länge nach halbieren, entkernen und gründlich waschen. Danach 4 Minuten in kochendes Wasser legen, auf Küchenkrepp abtropfen lassen, beiseite stellen.

Den Backofen auf 190 °C vorheizen.

Olivenöl in einen großen Stieltopf geben und Zwiebel-, Champignon- und Selleriescheiben bei schwacher Hitze 3 Minuten darin dünsten. Hackfleisch zufügen und mit dem Knoblauch und den Kräutern der Provence bei mittlerer Hitze goldbraun braten.

Tomatenwürfel und die in heißem Wasser aufgelöste Gemüsebrühe hineingeben. Mit Salz und Pfeffer würzen. Das Ganze gut miteinander vermischen und bei mittlerer Hitze etwa 8 Minuten kochen.

Graupen unterrühren. Jede Paprikahälfte mit der Mischung halb füllen, Parmesan aufstreuen. Den Rest der Mischung hineingeben, mit Mozzarella abdecken.

Gefüllte Paprikahälften in eine ofenfeste Form legen und für etwa 15 Minuten in den Backofen schieben, bis sich der Käse leicht bräunt.

GESCHNETZELTES KALBFLEISCH MIT GEMÜSE

Für 4 Personen

ZUTATEN:

2 EL	kaltgepresstes Olivenöl (Erstpressung)
2	mittelgroße, fein gehackte Zwiebeln
1/2	grüne Paprikaschote, in Streifen geschnitten
1	Zucchini, in dünne Scheiben geschnitten
1/3	Blumenkohl, in Röschen geteilt
100 g	in Scheiben geschnittene Champignons
450 g	Lendenstück vom Kalb, ohne Fett und ohne Knochen, in 2,5 cm lange Streifen geschnitten
1250 g	zerdrückte Tomaten
2	geschälte und zerdrückte Knoblauchzehen
3 EL	Rotweinessig
2 EL	Dijon-Senf
1 TL	Gemüsebrühe (Konzentrat)
1 TL	getrocknete Kräuter der Provence
•	Salz und Pfeffer nach Belieben

Sämtliches Gemüse (ohne Tomaten und Knoblauch) in einem Topf bei schwacher Hitze in Olivenöl dünsten. Fleischstreifen hineingeben und 5 Minuten braten.

Zerdrückte Tomaten, zerdrückten Knoblauch, Rotweinessig, Senf und Gemüsebrühe zufügen. Mit Kräutern der Provence, Salz und Pfeffer würzen. Das Ganze gut umrühren und etwa 30 Minuten sachte kochen lassen.

HACKBRATEN

Für 4 – 6 Personen

ZUTATEN:

900 g	mageres Rinderhackfleisch
2	große verquirlte Eier
300 ml	Tomatensaft
100 g	Vollkorn-Haferflocken
25 g	Vollkorn-Weizenflocken
1 Prise	gemahlener schwarzer Pfeffer
1 Messerspitze	getrockneter Salbei
1 Messerspitze	getrocknetes Basilikum
25 g	fein gehackte Zwiebeln

Den Backofen auf 180 °C vorheizen.

Hackfleisch, Eier und Tomatensaft in einer großen Schüssel miteinander vermengen.

Haferflocken und Weizenflocken im Mixer zerkleinern und mit den Gewürzen und Zwiebelstückchen zum Hackfleisch geben. Alles gut miteinander vermischen.

Die Mischung in eine Brotform füllen und für 1 1/2 Stunden in den Backofen schieben.

EMPFEHLUNG

Bruchetta oder Paprikasauce dazu reichen (siehe Rezepte S. 62 und S. 69).

KALBSRAGOUT

Für 4 Personen

ZUTATEN:

3 EL	kaltgepresstes Olivenöl (Erstpressung)
450 g	Kalbsragout
2	große geschälte und zerdrückte Knoblauchzehen
625 ml	entfettete hausgemachte Hühnerbrühe
12	kleine geschälte Zwiebeln
1 EL	frischer, fein gehackter Ingwer
2 TL	Currypulver
1 TL	Basilikum-Pesto
1 TL	gemahlener Koriander
1 Prise	Cayennepfeffer
3 EL	trockener Weißwein
1	grüne Paprikaschote, in Stücke geschnitten
1	rote Paprikaschote, in Stücke geschnitten
1	Zucchini, in Scheiben geschnitten
1/2	mittelgroße Aubergine, in Stücke geschnitten
50 g	halbierte grüne Bohnen
50 g	halbierte gelbe Wachsbohnen
•	Salz und Pfeffer nach Belieben
2 EL	saure Sahne

Olivenöl in einen Topf geben und das Kalbfleisch mit dem Knoblauch bei mittlerer Hitze auf allen Seiten anbraten.

Hühnerbrühe angießen, Zwiebeln und Gewürze zufügen. Das Ganze gut miteinander vermengen, zudecken und bei schwacher Hitze etwa 1 1/4 Stunden kochen. Bei Bedarf während der Kochzeit etwas Hühnerbrühe angießen.

Wein und Gemüse hineingeben und mit Salz und Pfeffer würzen. Danach gut umrühren und im geschlossenen Topf nochmals 15 – 20 Minuten kochen.

Vor dem Servieren saure Sahne unterrühren.

KALBSSCHNITZEL IN WEISSWEINSAUCE

Für 4 Personen

ZUTATEN:

3 – 4 EL	kaltgepresstes Olivenöl (Erstpressung)
4	kleine Kalbsschnitzel (je ca. 170 g)
1	mittelgroße, in Scheiben geschnittene Zwiebel
2	große geschälte und zerdrückte Knoblauchzehen
165 g	in Scheiben geschnittene Champignons
2 EL	frischer Limettensaft
2 TL	Tamari-Sauce
2 TL	Balsamessig
50 ml	trockener Weißwein
•	Salz und Pfeffer nach Belieben

Kalbsschnitzel in einem großen Stieltopf in etwas Olivenöl auf jeder Seite 2 - 3 Minuten braten. Danach herausnehmen und beiseite stellen.

Zwiebelscheiben, zerdrückten Knoblauch und Champignonscheiben im gleichen Topf bei schwacher Hitze in 3 EL Olivenöl 5 Minuten dünsten. Limettensaft, Tamari-Sauce und Balsamessig zufügen, weitere 2 – 3 Minuten dünsten.

Weißwein angießen und das Fleisch hineingeben. Mit Salz und Pfeffer würzen. Das Ganze gut umrühren und im geschlossenen Topf 3 Minuten sachte kochen lassen.

KALBSSPIESSE

Für 4 Personen

ZUTATEN:

675 g	Lendenstück vom Kalb, ohne Fett und ohne Knochen
16	kleine geschälte Zwiebeln
1	mittelgroße Zucchini, in etwa 1 cm dicke Scheiben geschnitten
16	Cocktailtomaten

MARINADE

50 ml	kaltgepresstes Olivenöl (Erstpressung)
1 EL	Tamari-Sauce*
2 EL	frischer, fein gehackter Ingwer
2 TL	Currypulver

Kalbfleisch in 2,5 cm große Würfel schneiden, beiseite stellen.

Marinade in einer großen Schüssel anrühren, ein Viertel zum Bestreichen der Spieße während des Garvorgangs beiseite stellen. Fleischwürfel hineingeben und gut mit der Marinade vermengen. Dann etwa 3 Stunden in den Kühlschrank stellen.

Zwiebeln in leicht gesalzenem Wasser weich kochen.

Den Backofen vorheizen.

Marinierte Fleischwürfel und Gemüse abwechselnd auf Metallspieße stecken. Zwiebeln, Zucchinischeiben und Tomaten mit der restlichen Marinade bestreichen.

Kalbsspieße in eine flache, ofenfeste Form legen und etwa 15 Minuten grillen. Nach der Hälfte der Grillzeit wenden und nochmals mit Marinade bestreichen.

* Tamari: auf natürliche Weise fermentierte Sojasauce, die keinen Weizen enthält

KOHLRÖLLCHEN

(Foto vor Seite 81)
Für 4 Personen

ZUTATEN:

8	große Grünkohlblätter
2 EL	kaltgepresstes Olivenöl (Erstpressung)
3	mittelgroße gehackte Zwiebeln
3	geschälte und zerdrückte Knoblauchzehen
450 g	mageres Lammhackfleisch
250 ml	gekochte grüne Linsen (siehe Rezept S. 189)
2 EL	Tamari-Sauce*
1 EL	getrockneter Oregano
1 EL	getrocknetes Basilikum
1/2 TL	Paprika
•	Salz und Pfeffer nach Belieben
1 l	italienische Tomatensauce (siehe Rezept S. 76)
•	frische, gehackte Petersilie nach Belieben

Kohlblätter gar dämpfen, beiseite stellen.

Olivenöl in einen Topf geben und Zwiebelstücke und zerdrückten Knoblauch bei mittlerer Hitze etwa 5 Minuten darin dünsten.

Hackfleisch zufügen und 8 – 10 Minuten darin braten.

Linsen, Tamari-Sauce und Gewürze hineingeben, weitere 5 Minuten dünsten.

Den Backofen auf 180 °C vorheizen.

Hackfleisch-Linsen-Mischung auf Kohlblätter verteilen, zu Röllchen formen und mit einem Zahnstocher verschließen. Kohlröllchen in eine ofenfeste Form legen und mit der Tomatensauce begießen. Danach mit einem Stück Aluminiumfolie abdecken und für 1 Stunde in den Backofen schieben.

* Tamari: auf natürliche Weise fermentierte Sojasauce, die keinen Weizen enthält

LAMMFRIKADELLEN MIT PARMESANSAUCE

(Foto nach Seite 96)

Für 6 Personen

ZUTATEN:

675 g	mageres Lammhackfleisch
1	mittelgroße, fein gehackte Zwiebel
2 EL	Haferkleie
1/8 l	Tomatensaft
2	große geschälte und zerdrückte Knoblauchzehen
1 EL	getrocknete Kräuter der Provence
•	Salz und Pfeffer nach Belieben

PARMESANSAUCE

2 TL	kaltgepresstes Olivenöl (Erstpressung)
1	in Scheiben geschnittene Frühlingszwiebel
50 ml	Weißwein
125 ml	Sahne mit 15 % Fettgehalt
3 EL (15 g)	frischer, geriebener Parmesan
1 EL	frische, fein gehackte Petersilie

Hackfleisch, Zwiebelstückchen, Haferkleie, Tomatensaft, zerdrückten Knoblauch und Gewürze in einer Schüssel gut miteinander vermengen, 30 Minuten kühl stellen. Dann 6 Frikadellen daraus formen.

Für die Sauce Olivenöl in einen kleinen Topf geben und Zwiebelscheiben bei schwacher Hitze darin dünsten. Wein angießen, Sahne zufügen und 1/2 Minute sachte kochen lassen. Parmesan und Petersilie hineingeben, dann 2 Minuten rühren, bis eine sämige Sauce entstanden ist.

Frikadellen in einer antihaftbeschichteten Pfanne auf jeder Seite etwa 3 Minuten braten. Vor dem Servieren mit der Sauce überziehen.

LASAGNE

Für 4 – 6 Personen

ZUTATEN:

9	Vollkorn-Teigplatten für Lasagne
1 1/4 l	Fleischsauce (siehe Rezept S. 72)
160 g	Brokkoli, in Röschen geteilt
170 g	Blumenkohl, in Röschen geteilt
1	mittelgroße Zucchini, in dünne Scheiben geschnitten
100 g	frischer Spinat, gewaschen, entstielt und abgetropft
150 g	geriebener Greyerzer

Teigplatten in kochendes Salzwasser legen und 10 Minuten kochen. Abtropfen lassen.

Den Backofen auf 180 °C vorheizen.

Eine große Lasagneform mit 3 Teigplatten auslegen. Die Hälfte der Fleischsauce und des Gemüses darauf verteilen.

Die restlichen Teigplatten und die restliche Füllung schichtweise abwechselnd hineingeben. Mit einer Teigschicht abschließen. Käse aufstreuen.

Für etwa 45 Minuten in den Backofen schieben.

RINDFLEISCH MONTREALER ART

Für 4 Personen

ZUTATEN:

3 EL	kaltgepresstes Olivenöl (Erstpressung)
450 g	Rückenstück vom Rind, ohne Fett und in 2,5 cm lange Streifen geschnitten
2	in Scheiben geschnittene Zwiebeln
220 g	in Scheiben geschnittene Champignons
75 ml	entfettete hausgemachte Rinderbrühe
2	große geschälte und zerdrückte Knoblauchzehen
1 TL	Dijon-Senf
•	Salz und Pfeffer nach Belieben
1	Prise Paprika
50 ml	trockener Rotwein
1/2 TL	Haferkleie
125 g	saure Sahne
2 EL	frischer, fein gehackter Schnittlauch
3 EL	frische, fein gehackte Petersilie

Fleischstreifen in einem großen Topf in 2 EL Olivenöl goldbraun braten. Danach herausnehmen und beiseite stellen.

1 EL Olivenöl in den gleichen Topf geben und Zwiebel- und Champignonscheiben darin gar dünsten.

Fleischstreifen wieder hineingeben und Rinderbrühe, zerdrückten Knoblauch, Senf und Gewürze zufügen. Das Ganze bei schwacher Hitze etwa 10 Minuten garen lassen.

Wein angießen, nochmals 10 Minuten kochen lassen.

Den Topf von der Kochstelle nehmen und Haferkleie, saure Sahne, Schnittlauch und Petersilie zufügen. Vor dem Servieren alles gut miteinander vermengen.

Abb. rechts: Lammfrikadellen mit Parmesansauce → Rezept Seite 94

ROTES PAPRIKAGEMÜSE ANDALUSISCH

(Foto links)
Für 4 Personen

ZUTATEN:

5 EL	kaltgepresstes Olivenöl (Erstpressung)
450 g	mageres Rinderhackfleisch
3 EL	Tamari-Sauce*
1 EL	Balsamessig
4	rote Paprikaschoten, in Streifen geschnitten
1	kleine geschälte und zerdrückte Knoblauchzehe
2 EL	frischer Limettensaft
1/4 TL	getrockneter Thymian
1/4 TL	Currypulver
1 Prise	Zwiebelpulver
•	Pfeffer nach Belieben
350 g	gefrorene grüne Erbsen

Hackfleisch in einer antihaftbeschichteten Pfanne goldbraun braten, dabei nach der Hälfte der Bratzeit ein Drittel der Tamari-Sauce und Balsamessig zufügen. Beiseite stellen.

Paprikastreifen in einem großen Topf bei mittlerer Hitze in 3 EL Olivenöl 3 Minuten dünsten. Knoblauch, die Hälfte des Limettensaftes, restliche Tamari-Sauce und Gewürze hineingeben. Das Ganze kochen, bis die Paprikastreifen gar sind.

Hackfleisch, Erbsen, restlichen Limettensaft und 2 EL Olivenöl zufügen. Alles gut miteinander vermengen, mit einem Deckel verschließen und bei mittlerer Hitze 20 - 25 Minuten kochen. Ab und zu umrühren.

* Tamari: auf natürliche Weise fermentierte Sojasauce, die keinen Weizen enthält

Abb. links: Rotes Paprikagemüse andalusisch → Rezept siehe oben

SCHWEINEFLEISCH MIT BOHNENSPROSSEN

Für 4 Personen

ZUTATEN:

2 EL	kaltgepresstes Olivenöl (Erstpressung)
1	mittelgroße, in Scheiben geschnittene Zwiebel
1/2	Lauchstange, in Ringe geschnitten
1/3	grüne Paprikaschote, in Streifen geschnitten
1	Selleriestange, in Stücke geschnitten
evtl. 50 ml	Früchte der Wassernuss, in Scheiben geschnitten
450 g	Lendenstück vom Schwein (ohne Fett und ohne Knochen), in 2,5 cm lange Streifen geschnitten
1/2 l	entfettete hausgemachte Hühnerbrühe
3 EL	Tamari-Sauce*
1250 ml	Sprossen aus Dicken Bohnen

Zwiebelscheiben, Lauchringe, Paprikastreifen, Selleriestücke und Früchte der Wassernuss in einem großen Topf bei schwacher Hitze in Olivenöl dünsten. Fleischstreifen zufügen und 5 Minuten braten.

Hühnerbrühe angießen, Tamari-Sauce hineingeben und das Ganze gut umrühren. Danach zum Kochen bringen und 10 Minuten sachte kochen lassen.

Bohnensprossen zufügen, zudecken und nochmals 5 Minuten kochen. Ab und zu umrühren.

* Tamari: auf natürliche Weise fermentierte Sojasauce, die keinen Weizen enthält

SCHWEINEKOTELETTS MIT TOMATEN-PESTO

Für 4 Personen

ZUTATEN:

4 EL	kaltgepresstes Olivenöl (Erstpressung)
1	mittelgroße, fein gehackte Zwiebel
6	mittelgroße vollreife Tomaten, abgezogen und in große Stücke geschnitten
1	große geschälte und zerdrückte Knoblauchzehe
3 EL	Basilikum-Pesto
2 EL	frischer Limettensaft
1 TL	getrockneter Oregano
1 TL	getrockneter Estragon
1 TL	Selleriesalz
1/2 TL	gemahlener Koriander
•	Salz und Pfeffer nach Belieben
8	gegrillte Schweinekoteletts

Zwiebelstückchen in einem großen Topf bei schwacher Hitze in 2 EL Olivenöl 3 Minuten dünsten.

Tomaten, 2 EL Olivenöl sowie restliche Zutaten zufügen, gut umrühren. Den Deckel schräg auf den Topf legen und das Ganze 1 – 1 1/2 Stunden sachte kochen lassen, dabei ab und zu umrühren.

Pesto 10 – 12 Stunden kühl stellen. Vor dem Servieren auf den Schweinekoteletts verteilen.

 TIPP:

Tomaten 30 Sekunden in kochendes Wasser legen, damit sie sich leichter abziehen lassen.

GEFLÜGEL

GEFÜLLTE HÜHNERBRUST

(Foto nach Seite 112)
Für 4 Personen

ZUTATEN:

2 EL	kaltgepresstes Olivenöl
1	fein gehackte Schalotte
1	geschälte und zerdrückte Knoblauchzehe
100 g	gehackte Champignons
50 ml	trockener Weißwein
40 g	Zucchini, in dünne Streifen geschnitten
1/2	rote Paprikaschote, in Stücke geschnitten
6 EL	frische, fein gehackte Petersilie
4	Hühnerbrustfilets
1 1/2 EL	Dijon-Senf
1/2 TL	Salz
1/4 TL	gemahlener schwarzer Pfeffer
1 1/2 EL	frischer, geriebener Parmesan
4	mittelgroße Tomaten, entkernt und in Stücke geschnitten
1 TL	Paprikapulver

Schalottenstückchen und zerdrückten Knoblauch in einem Stieltopf in Olivenöl 1 Minute dünsten. Champignonstücke zufügen und darin dünsten, bis sie weich sind.

Wein angießen. Zucchinistreifen, Paprikastücke und die Hälfte der gehackten Petersilie hineingeben und das Ganze nochmals 1 – 2 Minuten dünsten.

Hühnerbrustfilets zwischen Aluminiumfolie legen und klopfen, bis eine Dicke von 1/2 cm erreicht ist.

Jedes Hühnerbrustfilet mit etwa 1 TL Senf bestreichen und mit Salz und Pfeffer würzen. Gedünstetes Gemüse gleichmäßig darauf verteilen und Parmesan aufstreuen. Danach zusammenrollen und mit Holzstäbchen feststecken.

Den Backofen auf 180 °C vorheizen.

FORTSETZUNG ☛

Tomatenstücke, restliche Petersilie und Paprikapulver in einer kleinen Schüssel vermengen.

Rouladen in eine ofenfeste Form legen und mit der Tomatenmischung bedecken. Aluminiumfolie auflegen und das Ganze für 40 – 45 Minuten in den Backofen schieben. Vor dem Servieren Holzstäbchen entfernen.

HÜHNERBRUST CHINESISCHER ART

Für 3 – 4 Personen

ZUTATEN:

2 EL	kaltgepresstes Olivenöl (Erstpressung)
1	geschälte und zerdrückte Knoblauchzehe
1 EL	frischer, fein gehackter Ingwer
1	Hühnerbrust, in Streifen geschnitten
50 ml	Tamari-Sauce*
1	mittelgroße, grob gehackte Zwiebel
100 g	Zuckererbsenschoten
100 g	Blumenkohl, in Röschen geteilt
100 g	Brokkoli, in Röschen geteilt
1/4	grüne Paprikaschote, in Stücke geschnitten
1/4	rote Paprikaschote, in Stücke geschnitten
80 g	Zucchini, in Scheiben geschnitten
1/2 TL	gemahlener schwarzer Pfeffer
1/2 TL	chinesisches Gewürzpulver
1 EL	Sesamöl

Olivenöl in einem Wok oder einem großen Stieltopf erhitzen. Zerdrückten Knoblauch und Ingwerstückchen 2 – 3 Minuten darin dünsten.

Hühnerbruststreifen zufügen und etwa 5 Minuten darin goldbraun braten. Die Hälfte der Tamari-Sauce hineingeben und erhitzen, bis sie karamellisiert.

Sämtliches Gemüse mit der restlichen Tamari-Sauce und den Gewürzen in den Topf geben und so lange dünsten, bis es weich ist.

Kurz vor dem Servieren Sesamöl zufügen.

* Tamari: auf natürliche Weise fermentierte Sojasauce, die keinen Weizen enthält

HÜHNERBRUST MARINIERT IN INGWER UND ORANGENSAFT

Für 4 Personen

ZUTATEN:

75 ml	kaltgepresstes Olivenöl (Erstpressung)
2 EL	frischer, fein geriebener Ingwer
2 TL	frischer Orangensaft
1/2 EL	frische, geriebene, unbehandelte Orangenschale
2 TL	saure Sahne
1/2 TL	getrockneter ganzer Anis
675 g	Hühnerbrust (ohne Fett und ohne Knochen)

Sämtliche Zutaten (bis auf das Fleisch) in einer Schüssel zu einer Marinade verrühren.

Hühnerbrust hineingeben und gut mit der Marinade vermengen. Dann etwa 3 Stunden in den Kühlschrank stellen.

Hühnerbrust in einem großen Stieltopf bei mittlerer Hitze auf jeder Seite 5 – 6 Minuten braten, bis kein Saft mehr entweicht.

HÜHNERBRUST MAROKKANISCH

Für 4 Personen

ZUTATEN:

1/2 TL	Paprikapulver
1 TL	Sesamöl
•	geriebene Schale einer frischen, unbehandelten Zitrone
•	frischer Zitronensaft
3	geschälte und zerdrückte Knoblauchzehen
1/4 TL	Kümmel
1/4 TL	Zimt
1/4 TL	gemahlener schwarzer Pfeffer
4	Hühnerbrustfilets

Paprikapulver, Sesamöl, Zitronenschale und -saft, zerdrückten Knoblauch, Kümmel, Zimt und Pfeffer in einer großen Schüssel zu einer Marinade verrühren.

Hühnerbrustfilets hineingeben und gut mit der Marinade vermengen. Danach 4 – 6 Stunden in den Kühlschrank stellen, dabei die Filets ab und zu umdrehen.

Den Backofen auf 190 °C vorheizen.

Hühnerbrustfilets auf ein mit Aluminiumfolie ausgelegtes ofenfestes Blech legen und mit der Marinade begießen.

Das Ganze für 35 – 40 Minuten in den Backofen schieben. Hühnerbrustfilets während des Garvorgangs ein- bis zweimal mit der Garflüssigkeit bestreichen.

HÜHNERBRUSTFILETS
MARINIERT IN SENF UND ZITRONENSAFT

Für 4 Personen

ZUTATEN:

•	frischer Zitronensaft
•	geriebene Schale einer frischen, unbehandelten Zitrone
1 EL	Dijon-Senf
1	geschälte und zerdrückte Knoblauchzehe
1/2 TL	getrockneter Thymian
4	Hühnerbrustfilets
2 EL	kaltgepresstes Olivenöl (Erstpressung)

Zitronensaft und -schale in eine flache Schüssel geben. Senf, zerdrückten Knoblauch und Thymian zufügen und das Ganze zu einer Marinade verrühren. Hühnerbrustfilets hineingeben und gut mit der Marinade vermengen.

Danach mindestens 2 Stunden im Kühlschrank ziehen lassen.

Olivenöl in einem Stieltopf erhitzen und die Hühnerbrustfilets bei mittlerer Hitze auf jeder Seite 4 – 5 Minuten braten, bis kein Saft mehr entweicht.

HÜHNERBRUSTSPIESSE ORIENTALISCH

(Foto vor Seite 113)

Für 4 Personen

ZUTATEN:

675 g	Hühnerbrust (ohne Fett und ohne Knochen)
4	mittelgroße Zwiebeln, geviertelt
2	mittelgroße rote Paprikaschoten, in Stücke geschnitten
2 Blätter	Chinakohl, in Stücke geschnitten

MARINADE

1/8 l	kaltgepresstes Olivenöl (Erstpressung)
1 1/2 EL	Tamari-Sauce*
2 TL	Balsamessig
1	große geschälte und zerdrückte Knoblauchzehe
1 TL	Thymian

Marinade in einer Schüssel anrühren.

Hühnerbrust in 2,5 cm große Stücke schneiden. Fleischstücke mit der Marinade gut bestreichen und etwa 3 Stunden im Kühlschrank ziehen lassen.

Den Backofen vorheizen.

Fleisch- und Gemüsestücke abwechselnd auf Metallspieße stecken.

Spieße in eine flache, ofenfeste Form legen und etwa 15 Minuten im Backofen grillen. Nach der Hälfte der Grillzeit umdrehen und mit Marinade bestreichen.

* Tamari: auf natürliche Weise fermentierte Sojasauce, die keinen Weizen enthält

MARINIERTE PUTENSCHNITZEL

Für 4 Personen

ZUTATEN:

75 g	saure Sahne
50 ml	entfettete hausgemachte Hühnerbrühe
50 ml	frischer Limettensaft
3 EL	kaltgepresstes Olivenöl (Erstpressung)
2	große geschälte und in Scheiben geschnittene Knoblauchzehen
2 TL	Dijon-Senf
1 EL	frischer, fein gehackter Schnittlauch
1 EL	getrocknete Kräuter der Provence
•	Salz und Pfeffer nach Belieben
4	Putenschnitzel (je ca. 170 g)

Sämtliche Zutaten (bis auf das Fleisch) in einer Schüssel zu einer Marinade anrühren. Putenschnitzel mit der Marinade gut bestreichen und etwa 2 Stunden im Kühlschrank ziehen lassen.

Schnitzel in einer großen Pfanne bei mittlerer Hitze auf jeder Seite 2 – 3 Minuten braten.

Sofort servieren.

MOUSSAKA

Für 3 – 4 Personen

ZUTATEN:

1	mittelgroße Aubergine, in etwa 1 cm dicke Scheiben geschnitten
2 EL	kaltgepresstes Olivenöl (Erstpressung)
1	mittelgroße gehackte Zwiebel
125 g	Putenhackfleisch
2 TL	Tomatensauce
1 TL	getrockneter Oregano
1/2 TL	gemahlener schwarzer Pfeffer
1/4 TL	Zimt
1 TL	Salz
175 ml	Milch
1	großes Ei
2 EL	frischer, geriebener Parmesan

Den Backofen auf 220 °C vorheizen.

Auberginenscheiben mit Olivenöl bestreichen, nebeneinander auf ein ofenfestes Blech legen und 30 Minuten garen. Während des Garvorgangs einmal umdrehen.

In der Zwischenzeit Olivenöl in eine antihaftbeschichtete Pfanne geben und die Zwiebelstücke bei mittlerer Hitze etwa 5 Minuten darin dünsten, bis sie weich sind.

Hackfleisch zufügen und goldbraun braten, dabei mit einem Kochlöffel vom Pfannenboden losrühren. Tomatensauce und Gewürze hineingeben. Alles gut miteinander vermengen.

Auberginenscheiben in eine ofenfeste Form legen und mit der Hälfte der Fleischmischung bedecken.

Restliche Auberginenscheiben und restliche Fleischmischung abwechselnd in die Form schichten. Mit einer Auberginenschicht abschließen.

FORTSETZUNG ☛

Milch und Eier in einer Schüssel verquirlen und über die Auberginen gießen. Danach bei Zimmertemperatur 30 Minuten ruhen lassen.

Den Backofen auf 220 °C vorheizen. Das Ganze etwa 30 Minuten backen, bis die Oberfläche leicht gebräunt ist.

PUTENBRUST MIT PREISELBEERSAUCE

Für 4 Personen

ZUTATEN:

200 g	Preiselbeeren
1/8 l	Wasser
40 g	Fruchtzucker
2 EL	kaltgepresstes Olivenöl (Erstpressung)
675 g	Putenbrust (ohne Fett und ohne Knochen)

Preiselbeeren, Wasser und Fruchtzucker in einen Topf geben und gut umrühren. Das Ganze zum Kochen bringen und etwa 30 Minuten sachte kochen lassen.

Olivenöl in einen großen Stieltopf geben und die Putenbrust bei mittlerer Hitze auf jeder Seite 5 – 6 Minuten braten, bis kein Saft mehr entweicht.

Vor dem Servieren mit der Preiselbeersauce überziehen.

Abb. rechts: Gefüllte Hühnerbrust → Rezept Seite 102

FISCH UND MEERESFRÜCHTE

Abb. links: Hühnerbrustspieße orientalisch → Rezept Seite 108

BOUILLABAISSE

Für 6 Personen

ZUTATEN:

2 EL	kaltgepresstes Olivenöl (Erstpressung)
1	mittelgroße, fein gehackte Zwiebel
1	Lauchstange (ohne grüne Teile), halbiert und in Scheiben geschnitten
1/2	Fenchelknolle, in Scheiben geschnitten
2	geschälte und zerdrückte Knoblauchzehen
100 g	Champignons, geviertelt
120 g	grüne Bohnen, in Stücke geschnitten
4	mittelgroße Tomaten, abgezogen und in große Stücke geschnitten
5 Stängel	frische Petersilie
1 EL	geriebene, unbehandelte Orangenschale
1 1/4 l	Kraftbrühe (siehe Rezept S. 77)
•	Salz und Pfeffer nach Belieben
225 g	frischer Fisch (weißes Fleisch), in große Würfel geschnitten
225 g	mittelgroße Garnelen, geschält
225 g	mittelgroße Kammmuscheln
•	frische, fein gehackte Petersilie nach Belieben

Olivenöl in einen Topf geben und Zwiebelstückchen, Lauch- und Fenchelscheiben und zerdrückten Knoblauch bei mittlerer Hitze 10 Minuten darin dünsten.

Geviertelte Champignons, Bohnen- und Tomatenstücke sowie Petersilienstängel und Orangenschale zufügen. Kraftbrühe angießen und mit Salz und Pfeffer würzen.

FORTSETZUNG ☛

Das Ganze zum Kochen bringen, dann den Fisch hineingeben. Mit einem Deckel verschließen und 5 Minuten sachte kochen lassen.

Garnelen und Kammmuscheln zufügen, nochmals 5 Minuten kochen.

TIPP:
Tomaten 30 Sekunden in kochendes Wasser legen, damit sie sich leichter abziehen lassen.

FISCH IN FOLIE GEGART

Für 4 Personen

ZUTATEN:

450 g	frisches Fischfilet
300 g	chinesisches Gemüse (Tiefkühlkost)
50 ml	frischer Orangensaft
50 ml	Tamari-Sauce*
1	geschälte und zerdrückte Knoblauchzehe
1 TL	frischer, fein gehackter Ingwer

Die zuvor mit Küchenkrepp trockengetupften Fischfilets auf 4 (ca. 40 cm große) Stücke Aluminiumfolie legen.

Aufgetautes Gemüse gleichmäßig darauf verteilen.

Orangensaft, Tamari-Sauce, zerdrückten Knoblauch und Ingwerstückchen in einer kleinen Schüssel miteinander vermischen.

Mischung über die Fischfilets gießen, Aluminiumfolie fest verschließen.

Folienpakete auf ein ofenfestes Blech legen. Das Ganze für 15 – 20 Minuten in den Backofen schieben, bis das Gemüse gar ist und die Filets leicht gebräunt sind.

* Tamari: auf natürliche Weise fermentierte Sojasauce, die keinen Weizen enthält

GEFÜLLTE FISCHFILETS

Für 4 Personen

ZUTATEN:

1 EL	kaltgepresstes Olivenöl (Erstpressung)
30 g	Sellerie, in Würfel geschnitten
2	große, fein gehackte Schalotten
2	geschälte und zerdrückte Knoblauchzehen
1/8 l	heiße Salsa (siehe Rezept S. 75)
1/4 TL	Salz
1 Prise	gemahlener schwarzer Pfeffer
4	Seezungenfilets
2 EL	trockener Weißwein
2 EL	Wasser

In einer antihaftbeschichteten Pfanne Selleriewürfel, Schalottenstückchen und zerdrückten Knoblauch in Olivenöl 5 Minuten gar dünsten.

Salsa zufügen und mit Salz und Pfeffer würzen. Das Ganze gut umrühren und beiseite stellen.

Den Backofen auf 200 °C vorheizen.

2 Fischfilets in eine kleine, flache ofenfeste Form legen, gleichmäßig mit der Salsa-Mischung überziehen und mit den restlichen Fischfilets bedecken.

Wein aufträufeln, Wasser angießen und Aluminiumfolie auflegen. Danach für 12 – 15 Minuten in den Backofen schieben, bis der Fisch leicht gebräunt ist.

GEWÜRZTE GARNELEN

Für 4 – 6 Personen

ZUTATEN:

1/2 TL	Paprikapulver
1/4 TL	Kümmel
1/2 TL	Senfpulver
1/2 TL	getrocknetes Basilikum
1 Prise	gemahlener Chili
1 Prise	Cayennepfeffer
1 EL	kaltgepresstes Olivenöl (Erstpressung)
450 g	große Garnelen, geschält und vom Darm befreit
•	Saft einer frischen Limette
•	frische, geriebene, unbehandelte Limettenschale

Sämtliche Gewürze in einer großen Schüssel miteinander vermengen und die Garnelen darin wenden.

Gewürzte Garnelen in einer antihaftbeschichteten Pfanne bei mittlerer bis starker Hitze in Olivenöl 1 Minute braten. Limettensaft und -schale zufügen und weitere 2 – 3 Minuten braten, bis die Garnelen eine rosa Farbe angenommen haben.

LACHSFILETS MIT PETERSILIENSAUCE

Für 4 Personen

ZUTATEN:

4	Lachsfilets
2 TL	frischer Zitronensaft
•	Pfeffer nach Belieben

PETERSILIENSAUCE

250 g	Hüttenkäse
50 g	Naturjoghurt
6 EL	frische, fein gehackte Petersilie
1 EL	frischer, fein gehackter Schnittlauch
2 TL	geriebener Parmesan

Sämtliche Saucenzutaten im Mixer zu einer glatten Masse verarbeiten. Beiseite stellen.

Den Backofen vorheizen.

Lachsfilets in eine ofenfeste Form legen, mit Zitronensaft beträufeln und mit Pfeffer würzen.

Danach auf jeder Seite 5 Minuten grillen, bis die Filets leicht gebräunt sind.

Vor dem Servieren mit Petersiliensauce überziehen.

LACHSKROKETTEN

Für 4 Personen

ZUTATEN:

200 g	gekochter Lachs
1	großes verquirltes Ei
2 EL	frischer, geriebener Parmesan
1	große Frühlingszwiebel, halbiert und in Scheiben geschnitten
4-5 EL	frische, fein gehackte Petersilie
1/8 TL	gemahlener schwarzer Pfeffer
2 EL	kaltgepresstes Olivenöl (Erstpressung)

Lachs, Ei, Parmesan, Zwiebelscheiben, Petersilie und Pfeffer in einer Schüssel miteinander vermengen. Dann 4 Kroketten daraus formen.

Olivenöl in einem großen Stieltopf erhitzen. Lachskroketten bei mittlerer Hitze auf jeder Seite 4 – 5 Minuten darin braten.

MARINIERTE GARNELEN UND KAMMMUSCHELN

Für 2 Personen

ZUTATEN:

2 EL	Sesamöl
2 TL	frischer, fein gehackter Ingwer
2 TL	gemahlener schwarzer Pfeffer
1 EL	Tamari-Sauce*
•	geriebene Schale einer halben unbehandelten Orange
2 EL	kaltgepresstes Olivenöl (Erstpressung)
10	große frische Garnelen, geschält und vom Darm befreit
10	große Kammmuscheln

Sesamöl, Ingwerstückchen, Pfeffer, Tamari-Sauce und Orangenschale zu einer Marinade verrühren. Garnelen und Kammmuscheln hineingeben und mindestens 30 Minuten im Kühlschrank ziehen lassen.

Olivenöl in eine antihaftbeschichtete Pfanne geben und die Garnelen und Kammmuscheln bei mittlerer bis starker Hitze 3 – 4 Minuten darin braten.

* Tamari: auf natürliche Weise fermentierte Sojasauce, die keinen Weizen enthält

MARINIERTE LACHSFILETS

Für 4 Personen

ZUTATEN:

1/8 l	trockener Weißwein
50 ml	frischer Zitronensaft
2 TL	kaltgepresstes Olivenöl (Erstpressung)
2	große geschälte und zerdrückte Knoblauchzehen
1/2 TL	getrockneter Thymian
1/2 TL	getrockneter Estragon
•	Salz und Pfeffer nach Belieben
4	Lachsfilets

Marinade in einer Schüssel anrühren. Lachsfilets hineingeben und gut mit der Marinade vermengen. Dann etwa 1 Stunde im Kühlschrank ziehen lassen.

Den Backofen vorheizen.

Lachsfilets in eine ofenfeste Form legen und auf jeder Seite etwa 5 Minuten grillen, bis sie leicht gebräunt sind.

MEERESFRÜCHTE AM SPIESS

Für 4 Personen

ZUTATEN:

12	große Garnelen, geschält und vom Darm befreit
12	große Kammmuscheln
12	geschälte kleine Zwiebeln
12	Cocktailtomaten
1	grüne Paprikaschote, in große Stücke geschnitten

MARINADE

175 ml	kaltgepresstes Olivenöl (Erstpressung)
2 EL	frischer Zitronensaft
1 EL	frischer Limettensaft
1	große geschälte und zerdrückte Knoblauchzehe
•	Salz und Pfeffer nach Belieben
2 EL	frischer, fein gehackter Ingwer
1 EL	frischer, fein gehackter Dill

Marinade in einer Schüssel anrühren, ein Viertel zum Bestreichen der Spieße während des Garvorgangs beiseite stellen. Garnelen und Kammmuscheln hineingeben und etwa 45 Minuten im Kühlschrank ziehen lassen.

Zwiebeln in leicht gesalzenem Wasser weich kochen.

Den Backofen auf 230 °C vorheizen.

Kammmuscheln, Garnelen und Gemüse abwechselnd auf Metallspieße stecken. Zwiebeln, Tomaten und Paprikastücke mit der restlichen Marinade bestreichen.

Spieße für etwa 10 Minuten in den Backofen schieben. Nach der Hälfte der Garzeit wenden und nochmals mit Marinade bestreichen.

PETERSFISCHFILETS PANIERT MIT PECORINO-KÄSE

Für 4 Personen

ZUTATEN:

40 g	frischer, geriebener Pecorino-Romano-Käse
•	gemahlener schwarzer Pfeffer nach Belieben
1 TL	zerkleinerter, getrockneter Knoblauch
4	Petersfischfilets
2 EL	kaltgepresstes Olivenöl (Erstpressung)
•	Saft einer frischen Zitrone

Käse, Pfeffer und Knoblauch in einem Teller zu einer Panade vermengen.

Fischfilets darin wenden, bis sie vollständig davon bedeckt sind.

Olivenöl in einen Stieltopf geben und die Fischfilets bei mittlerer Hitze auf jeder Seite 3 – 4 Minuten darin braten. Mit dem Zitronensaft servieren.

POCHIERTER KABELJAU MEDITERRANER ART

Für 3 – 4 Personen

ZUTATEN:

- 450 g Kabeljaufilet
- 1 EL kaltgepresstes Olivenöl (Erstpressung)
- 1 EL halbierte und in Scheiben geschnittene Frühlingszwiebel
- 1 geschälte und zerdrückte Knoblauchzehe
- 50 g Zucchini, in halbrunde Scheiben geschnitten
- 1 EL trockener Weißwein
- 175 g zerdrückte Tomaten
- 1 TL frisches, fein gehacktes Basilikum
- 30 g in Scheiben geschnittene schwarze Oliven
- 1/4 TL gemahlener schwarzer Pfeffer

Wasser in einem Topf zum Kochen bringen. Fischfilets hineingeben und zugedeckt bei mittlerer Hitze 5 Minuten pochieren. Danach mit einem Schaumlöffel herausnehmen und abtropfen lassen. Warm stellen.

Zwiebelscheiben, zerdrückten Knoblauch und Zucchinischeiben in einem kleinen Topf bei mittlerer Hitze in Olivenöl 2 Minuten dünsten.

Weißwein, zerdrückte Tomaten und Basilikum zufügen. Das Ganze etwa 3 Minuten sachte kochen lassen, dabei ab und zu umrühren.

Olivenscheiben hineingeben, mit Pfeffer würzen und alles gut miteinander vermengen. Fischfilets mit der Mischung überziehen. Sofort servieren.

SEEZUNGENFILETS IN WEISSWEINSAUCE

Für 4 Personen

ZUTATEN:

1	mittelgroße, fein gehackte Zwiebel
1/8 l	trockener Weißwein
1/8 l	Wasser
50 g	zerdrückte Tomaten
4	Seezungenfilets
50 ml	Sahne mit 15 % Fettgehalt
1 Prise	Cayennepfeffer
•	Salz und Pfeffer nach Belieben

Zwiebelstückchen, Wein, Wasser und zerdrückte Tomaten in einem großen Stieltopf miteinander vermengen. Seezungenfilets darauf legen und das Ganze mit einem Deckel verschließen. Danach zum Kochen bringen und bei mittlerer Hitze 8 – 10 Minuten dünsten, bis sich die Filets leicht vom Topfboden lösen.

Seezungenfilets mit einem Schaumlöffel herausnehmen und warm stellen.

Sahne unter ständigem Rühren in den Topf geben, Gewürze zufügen und weitere 2 – 3 Minuten erhitzen.

Seezungenfilets mit der Sauce überziehen. Sofort servieren.

THUNFISCH PROVENZALISCH

Für 2 Personen

ZUTATEN:

1 EL	kaltgepresstes Olivenöl (Erstpressung)
1	mittelgroße, fein gehackte Zwiebel
1	Selleriestange, in Scheiben geschnitten
2	geschälte und zerdrückte Knoblauchzehen
175 ml	entfettete, hausgemachte Hühnerbrühe oder Wasser
250 g	zerdrückte Tomaten
•	geriebene Schale einer frischen, unbehandelten halben Zitrone
1	Lorbeerblatt
1/2 TL	getrocknetes Basilikum
1/2 TL	getrockneter Oregano
•	Pfeffer nach Belieben
170 g	gekochter Thunfisch (helles Fleisch)

In einem Stieltopf Zwiebelstückchen, Selleriescheiben und zerdrückten Knoblauch in Olivenöl 5 Minuten dünsten.

Hühnerbrühe oder Wasser angießen und zerdrückte Tomaten, Zitronenschale und Gewürze zufügen. Das Ganze zum Kochen bringen, mit einem Deckel verschließen und 15 – 20 Minuten sachte kochen lassen.

Thunfisch hineingeben, nochmals 1 Minute kochen.

ÜBERBACKENE FORELLENFILETS

Für 4 Personen

ZUTATEN:

125 g	saure Sahne
50 g	Naturjoghurt
2 EL	fein gehackte rote Zwiebel
2 EL	frischer, fein gehackter Schnittlauch
1 TL	frischer, fein gehackter Dill
•	kaltgepresstes Olivenöl (Erstpressung)
4	Forellenfilets
•	Salz und Pfeffer nach Belieben

Den Backofen auf 220 °C vorheizen.

Saure Sahne, Joghurt, Zwiebelstückchen und fein gehackte Kräuter in einer Schüssel zu einer Sauce verrühren.

Eine ofenfeste Form mit etwas Olivenöl ausstreichen. Forellenfilets hineinlegen, salzen, pfeffern und mit der Sauce überziehen.

Das Ganze 12 Minuten im Backofen garen. Dann mit Aluminiumfolie abdecken und nochmals 5 Minuten garen, bis die Filets leicht gebräunt sind.

EIERSPEISEN

BROKKOLI-OMELETT (V)

(Titelfoto)

Für 4 Personen

ZUTATEN:

2 EL	kaltgepresstes Olivenöl (Erstpressung)
1/3	Brokkoli, in Röschen geteilt
3	Frühlingszwiebeln, halbiert und in Scheiben geschnitten
1	mittelgroße Tomate, entkernt und in Würfel geschnitten
1	große geschälte und zerdrückte Knoblauchzehe
6	große Eier
50 ml	Milch
•	Salz und Pfeffer nach Belieben
2 EL	frische, fein gehackte Petersilie
40 g	geriebener, fettarmer Cheddar
3 EL (15 g)	frischer, geriebener Parmesan

Brokkoliröschen, Zwiebelscheiben, Tomatenwürfel und zerdrückten Knoblauch in einem ofenfesten Stieltopf bei schwacher Hitze in Olivenöl 5 Minuten dünsten.

In der Zwischenzeit Eier mit Milch in einer Schüssel verquirlen. Salz, Pfeffer und Petersilie zufügen.

Den Backofen vorheizen.

Eiermasse über das Gemüse gießen und das Ganze schnell umrühren. Dann etwa 5 Minuten erhitzen. Käse aufstreuen und im Backofen goldbraun backen. Sofort servieren.

OMELETT MEXIKANISCH (V)

Für 4 Personen

ZUTATEN:

5	große Eier
1/8 l	Milch
1–2 TL	gemahlener Chili
•	Salz und Pfeffer nach Belieben
1 EL	kaltgepresstes Olivenöl (Erstpressung)
50 g	in Scheiben geschnittene Champignons
1/2	rote Paprikaschote, in Würfel geschnitten
1	kleine Tomate, in Würfel geschnitten
2	Frühlingszwiebeln, halbiert und in Scheiben geschnitten
1	kleine geschälte und zerdrückte Knoblauchzehe
50 g	geriebener Cheddar

Eier mit Milch in einer Schüssel verquirlen. Chili, Salz und Pfeffer zufügen, beiseite stellen.

Champignonscheiben, Paprika- und Tomatenwürfel, Zwiebelscheiben und zerdrückten Knoblauch in einem ofenfesten Stieltopf bei schwacher Hitze in Olivenöl dünsten.

Den Backofen vorheizen.

Eiermischung über das Gemüse gießen und das Ganze schnell umrühren. Dann etwa 5 Minuten erhitzen. Käse aufstreuen und im Backofen goldbraun backen.

RÜHREIER MIT GEKOCHTEM SCHINKEN

Für 4 Personen

ZUTATEN:

1 EL	kaltgepresstes Olivenöl (Erstpressung)
115 g	gekochter Schinken, in Würfel geschnitten
1	Frühlingszwiebel, halbiert und in Scheiben geschnitten
1/4	rote Paprikaschote, in Würfel geschnitten
1	geschälte und zerdrückte Knoblauchzehe
8	mittelgroße Eier
1/8 l	Milch
•	Salz und Pfeffer nach Belieben
1 EL	frische, fein gehackte Petersilie

Olivenöl in eine antihaftbeschichtete Pfanne geben und die Schinkenwürfel bei schwacher Hitze darin goldbraun rösten. Zwiebelscheiben, Paprikawürfel und zerdrückten Knoblauch hineingeben und 30 Sekunden darin dünsten.

Eier mit Milch verquirlen und über die Schinkenwürfel gießen. Salz, Pfeffer und Petersilie zufügen. Das Ganze bei mittlerer Hitze stocken lassen. Die Masse mit einem Spatel vom Boden und vom Rand der Pfanne lösen, sobald sie zu stocken beginnt, damit große Flocken entstehen. Ab und zu umrühren.

TOMATEN GEFÜLLT MIT EIERN (V)

Für 4 Personen

ZUTATEN:

- 8 mittelgroße Tomaten
- 8 mittelgroße Eier
- 1/8 l Milch
- • Salz und Pfeffer nach Belieben
- 1 EL kaltgepresstes Olivenöl (Erstpressung)
- 4 Frühlingszwiebeln, halbiert und in Scheiben geschnitten
- 1/2 grüne Paprikaschote, in Würfel geschnitten
- 1 große geschälte und zerdrückte Knoblauchzehe
- 2 TL frischer, fein gehackter Schnittlauch
- 2 TL frisches, fein gehacktes Basilikum

Den Backofen auf 190 °C vorheizen.

Von jeder Tomate eine Kappe abschneiden und mit einem kleinen Löffel aushöhlen. Innen leicht salzen, mit der Öffnung nach unten 10 Minuten auf Küchenkrepp legen, bis das überschüssige Wasser aufgesaugt ist.

Tomaten mit der Öffnung nach oben in eine ofenfeste Form legen und 10 Minuten garen. Warm halten.

Eier mit Milch in einer Schüssel verquirlen. Mit Salz und Pfeffer würzen. Beiseite stellen.

Olivenöl in einen großen Stieltopf geben und restliche Zutaten bei schwacher Hitze darin gar dünsten. Eiermischung darüber gießen und bei mittlerer Hitze stocken lassen. Die Masse mit einem Spatel vom Boden und vom Rand des Stieltopfes lösen, sobald sie zu stocken beginnt, damit große Flocken entstehen. Ab und zu umrühren.

Tomaten mit der Eiermasse füllen. Sofort servieren.

ÜBERBACKENE ZUCCHINI (V)

Für 2 Personen

ZUTATEN:

2 EL	kaltgepresstes Olivenöl (Erstpressung)
125 g	Zucchini, in Scheiben geschnitten
25 g	Zwiebel, in Ringe geschnitten
1	geschälte und zerdrückte Knoblauchzehe
2 TL	frisches, fein gehacktes Basilikum
2 EL	frische, fein gehackte Petersilie
2	große Eier
2 EL	Sahne mit 15 % Fettgehalt
20 g	geriebener Emmentaler
1/2 – 1 EL	gemahlener Chili
1/4 TL	gemahlener schwarzer Pfeffer

Olivenöl in einen großen Stieltopf geben und die Zucchinischeiben bei mittlerer bis starker Hitze 2 – 3 Minuten darin goldbraun dünsten.

Zwiebelringe zufügen, weitere 2 – 3 Minuten dünsten. Zerdrückten Knoblauch, Basilikum und Petersilie hineingeben. Das Ganze gut umrühren und in eine ofenfeste Form füllen. Beiseite stellen.

Den Backofen auf 180 °C vorheizen.

Eier mit Sahne und geriebenem Käse in einer Schüssel verquirlen. Mit Chili und Pfeffer würzen. Die Mischung über das Gemüse gießen.

Für 20 Minuten in den Backofen schieben. Sofort servieren.

ÜBERBACKENES GEMÜSE (V)

Für 4 Personen

ZUTATEN:

2 EL	kaltgepresstes Olivenöl (Erstpressung)
225 g	Lauch, in Ringe geschnitten
1	mittelgroße rote Zwiebel, in dünne Ringe geschnitten
1	rote Paprikaschote, in Stücke geschnitten
8	große Eier
2 EL	frische, fein gehackte Petersilie
•	Salz und Pfeffer nach Belieben
80 g	entsteinte schwarze Oliven
100 g	getrocknete Tomaten

Den Backofen auf 200 °C vorheizen.

Olivenöl in einem großen ofenfesten Stieltopf leicht erhitzen. Lauch- und Zwiebelringe sowie Paprikastücke hineingeben und im geschlossenen Topf 5 Minuten dünsten, dabei ab und zu umrühren.

Eier mit Petersilie und Gewürzen in einer Schüssel leicht verquirlen. Eiermischung in den Stieltopf gießen und gleichmäßig verteilen. Oliven und getrocknete Tomaten auflegen, weitere 3 Minuten dünsten.

Dann zum Überbacken für 8 – 10 Minuten in den Backofen schieben.

GEMÜSEBEILAGEN

AUBERGINEN-TOMATEN-AUFLAUF (V)

(Foto nach Seite 144)
Für 4 Personen

ZUTATEN:

2 EL	kaltgepresstes Olivenöl (Erstpressung)
8	Auberginenscheiben, etwa 1 cm dick
8	Tomatenscheiben (von vollreifen Tomaten)
2 EL	Basilikum-Pesto
•	Salz und Pfeffer nach Belieben
150 g	Greyerzer, in dünne Scheiben geschnitten
•	Weizenkleie

Auberginenscheiben 3 Minuten dämpfen, danach abtropfen lassen.

Den Backofen vorheizen.

Auberginenscheiben in eine ofenfeste Form legen und mit je einer Tomatenscheibe bedecken. Pesto darauf verteilen, salzen und pfeffern.

Käsescheiben auflegen, reichlich Kleie aufstreuen und das Ganze etwa 4 Minuten im Backofen grillen.

BLUMENKOHL UND ZUCCHINI MIT CURRY

Für 4 Personen

ZUTATEN:

1 EL	kaltgepresstes Olivenöl (Erstpressung)
1	große gehackte Zwiebel
1	große geschälte und zerdrückte Knoblauchzehe
2 TL	Currypulver
1	kleiner Blumenkohl, in Röschen geteilt
1	kleine Zucchini, in dünne Scheiben geschnitten
1 TL	Tomatenmark
1/8 l	entfettete hausgemachte Hühnerbrühe
125 g	Naturjoghurt
2 TL	frische, fein gehackte Petersilie

Olivenöl in einen Topf geben und Zwiebelstücke bei schwacher Hitze darin dünsten. Zerdrückten Knoblauch und Currypulver zufügen, weitere 2 Minuten dünsten.

Blumenkohlröschen, Zucchinischeiben und Tomatenmark hineingeben, Hühnerbrühe angießen. Das Ganze gut umrühren und zugedeckt 8 – 10 Minuten sachte kochen lassen, bis das Gemüse gar, aber noch knackig ist.

Joghurt und Petersilie zufügen. Vor dem Servieren alles gut miteinander vermengen.

BROKKOLI UND BLUMENKOHL MIT PINIENKERNEN (V)

Für 3 – 4 Personen

ZUTATEN:

3 EL	kaltgepresstes Olivenöl (Erstpressung)
1	geschälte und zerdrückte Knoblauchzehe
175 g	Brokkoli, in Röschen geteilt
100 g	Blumenkohl, in Röschen geteilt
2 EL	trockener Weißwein
2 EL	Sahne mit 15 % Fettgehalt
40 g	geröstete Pinienkerne
einige dünne Scheiben	Parmesan

Zerdrückten Knoblauch in einem großen Stieltopf bei mittlerer Hitze in Olivenöl 4 – 5 Minuten dünsten, dabei ab und zu umrühren.

Brokkoli- und Blumenkohlröschen hineingeben, weitere 2 – 3 Minuten dünsten. Wein zufügen und das Ganze im geschlossenen Topf so lange dünsten, bis das Gemüse gar, aber noch knackig ist.

Sahne und Pinienkerne hineingeben und gut umrühren. Parmesan auflegen, sofort servieren.

REZEPT FÜR PHASE II

ERBSEN-ZWIEBEL-GEMÜSE (V)

Für 4 Personen

ZUTATEN:

10	kleine weiße Zwiebeln, geschält
2 EL	kaltgepresstes Olivenöl (Erstpressung)
1	große geschälte und zerdrückte Knoblauchzehe
350 g	grüne Erbsen (Tiefkühlkost)
1 1/2 EL	Tamari-Sauce*
1 1/2 EL	frischer Limettensaft
1/4 TL	Balsamessig
1/2 TL	getrockneter Thymian
•	Salz und Pfeffer nach Belieben

Zwiebeln in leicht gesalzenem Wasser weich kochen.

Olivenöl in einen Topf geben und Zwiebeln und zerdrückten Knoblauch bei schwacher Hitze 3 Minuten darin dünsten.

Erbsen und restliche Zutaten zufügen. Alles gut miteinander vermengen und zugedeckt bei mittlerer Hitze 8 Minuten dünsten, dabei ab und zu umrühren.

* Tamari: auf natürliche Weise fermentierte Sojasauce, die keinen Weizen enthält

GEDÜNSTETES PAPRIKAGEMÜSE (V)

Für 4 Personen

ZUTATEN:

50 ml	kaltgepresstes Olivenöl (Erstpressung)
2	mittelgroße rote Paprikaschoten, in dünne Streifen geschnitten
2	mittelgroße gelbe Paprikaschoten, in dünne Streifen geschnitten
1	kleine geschälte und zerdrückte Knoblauchzehe
2 EL	Tamari-Sauce
1 EL	frischer Limettensaft
1/4 TL	Kräuter der Provence
1/4 TL	Currypulver
1 Prise	Zwiebelpulver
•	Pfeffer nach Belieben

Paprikastreifen in einem großen Stieltopf bei mittlerer Hitze in Olivenöl 5 Minuten dünsten.

Restliche Zutaten hineingeben und gut miteinander vermengen. Das Ganze im geschlossenen Topf gar dünsten, dabei ab und zu umrühren.

KNACKIGES RAHMGEMÜSE

Für 4 Personen

ZUTATEN:

2 EL	kaltgepresstes Olivenöl (Erstpressung)
1/2	mittelgroße, grob gehackte Zwiebel
1/2	mittelgroße Zucchini, in dünne Scheiben geschnitten
1/2	kleiner Brokkoli, in Röschen geteilt
1/2	kleiner Blumenkohl, in Röschen geteilt
1/3	rote Paprikaschote, in Streifen geschnitten
1	große geschälte und zerdrückte Knoblauchzehe
50 ml	entfettete hausgemachte Hühnerbrühe
1/2 TL	gemahlener Koriander
1/2 TL	Kurkuma
1/2 TL	gemahlener Ingwer
•	Salz und Pfeffer nach Belieben
50 g	Naturjoghurt
50 g	saure Sahne
1 EL	frische, fein gehackte Petersilie

Olivenöl in einen Topf geben und Zwiebelstücke, Zucchinischeiben, Brokkoli- und Blumenkohlröschen sowie Paprikastreifen bei schwacher Hitze 7–8 Minuten darin dünsten.

Zerdrückten Knoblauch zufügen, Hühnerbrühe angießen, Gewürze hineingeben. Das Ganze 3 Minuten sachte kochen lassen, bis das Gemüse weich, aber noch knackig ist.

Joghurt, saure Sahne und Petersilie zufügen, gut umrühren. Sofort servieren.

MARINIERTE CHAMPIGNONS (V)

Für 4 Personen

ZUTATEN:

50 ml	frischer Zitronensaft
2 EL	Tamari-Sauce*
1 EL	frischer, geriebener Ingwer
1	geschälte und zerdrückte Knoblauchzehe
300 g	Champignons, geviertelt
1 EL	kaltgepresstes Olivenöl (Erstpressung)

Zitronensaft, Tamari-Sauce, geriebenen Ingwer und zerdrückten Knoblauch in einer Schüssel zu einer Marinade verrühren.

Champignonviertel hineingeben und gut mit der Marinade vermengen. Danach 30 Minuten ziehen lassen.

Olivenöl in einem Stieltopf erhitzen und die Champignonviertel bei mittlerer Hitze darin garen.

* Tamari: auf natürliche Weise fermentierte Sojasauce, die keinen Weizen enthält

Abb. rechts: Auberginen-Tomaten-Auflauf → Rezept Seite 138

MARINIERTE ZUCCHINIHÄLFTEN (V)

Für 4 Personen

ZUTATEN:

2 EL	kaltgepresstes Olivenöl
2 EL	frischer Limettensaft
1/2 TL	Balsamessig
2	geschälte und zerdrückte Knoblauchzehen
2 - 3 TL	Basilikum-Pesto
•	Salz und Pfeffer nach Belieben
2	mittelgroße Zucchini, der Länge nach halbiert

Zutaten zu einer Marinade verrühren und die Zucchinihälften damit bestreichen.

Zucchinihälften in einen Stieltopf geben und zugedeckt bei schwacher Hitze auf jeder Seite etwa 5 Minuten garen. Während des Garvorgangs nochmals mit der Marinade bestreichen. Danach weitere 1 - 2 Minuten bei mittlerer Hitze garen, um schöne goldbraune Zucchinihälften zu erhalten.

Abb. links: Ratatouille → Rezept Seite 146

RATATOUILLE (V)

(Foto vor Seite 145)
Für 4 Personen

ZUTATEN:

2 EL	kaltgepresstes Olivenöl (Erstpressung)
10	kleine Zwiebeln, geschält
350 g	zerdrückte Tomaten
50 ml	Tomatensaft
1	mittelgroße Aubergine, in Stücke geschnitten
1	mittelgroße Zucchini, in Stücke geschnitten
1/2	grüne Paprikaschote, in Stücke geschnitten
1/2	rote Paprikaschote, in Stücke geschnitten
50 g	grüne Bohnen, halbiert
50 g	gelbe Wachsbohnen, halbiert
1	große geschälte und zerdrückte Knoblauchzehe
2 EL	Basilikum-Pesto
1 EL	Tamari-Sauce*
1 TL	Kräuter der Provence
1/2 TL	getrockneter Thymian
•	Salz und Pfeffer nach Belieben

Olivenöl in einen Topf geben und Zwiebeln bei schwacher Hitze 2 Minuten darin dünsten.

Restliche Zutaten hineingeben und das Ganze zugedeckt 20 Minuten sachte kochen lassen, bis das Gemüse weich, aber noch knackig ist.

* Tamari: auf natürliche Weise fermentierte Sojasauce, die keinen Weizen enthält

ROSENKOHL (V)

Für 4 Personen

ZUTATEN:

200 g	Rosenkohl
2 EL	kaltgepresstes Olivenöl (Erstpressung)
1/2	kleine rote Zwiebel, in Scheiben geschnitten
•	Salz und Pfeffer nach Belieben
1 Prise	Muskat
1 EL	frischer Limettensaft
3 EL	frische, fein gehackte Petersilie

Röschen vom Strunk befreien, äußere Blätter entfernen, danach gut waschen. Jedes Röschen an der Unterseite kreuzförmig einschneiden, dann 15 Minuten dämpfen.

Röschen und Zwiebelscheiben in einem Stieltopf bei schwacher Hitze in Olivenöl gar dünsten. Mit Salz, Pfeffer und Muskat würzen. Limettensaft und Petersilie zufügen, alles gut miteinander vermengen. Sofort servieren.

ZUCCHINI-PAPRIKA-SPIESSE (V)

(Foto nach Seite 160)
Für 4 Personen

ZUTATEN:

2 EL	kaltgepresstes Olivenöl (Erstpressung)
1 TL	Paprikapulver
1 TL	getrocknetes Basilikum
1 TL	getrockneter Oregano
1/2 TL	Senfpulver
1/2 TL	gemahlener Chili
1/2 TL	Salz
1/2 TL	gemahlener schwarzer Pfeffer
1	Zucchini, halbiert und in 2,5 cm dicke Stücke geschnitten
1	kleine grüne Paprikaschote, entkernt und in 2,5 cm große Würfel geschnitten
8	Cocktailtomaten

Olivenöl und Gewürze in einer kleinen Schüssel miteinander vermengen.

Zucchinistücke, Paprikawürfel und Cocktailtomaten in eine große Schüssel geben. Marinade darüber gießen und vorsichtig mit dem Gemüse vermengen. Danach mindestens 1 Stunde im Kühlschrank ziehen lassen.

Den Backofen auf 180 °C vorheizen.

Gemüse abwechselnd auf Metallspieße stecken.

Gemüsespieße in eine flache ofenfeste Form legen und im Backofen 10 Minuten garen.

KOHLENHYDRATHALTIGE GERICHTE

BUCHWEIZEN MIT ZITRONE UND CURRY (V)

Für 2 Personen

ZUTATEN:

1 EL	kaltgepresstes Olivenöl (Erstpressung)
55 g	in Scheiben geschnittene Champignons
1	geschälte und zerdrückte Knoblauchzehe
1/2	mittelgroße gehackte Zwiebel
1/2 TL	gemahlener schwarzer Pfeffer
1/4 TL	Salz
2 EL	trockener Weißwein
•	geriebene Schale einer frischen halben unbehandelten Zitrone
250 ml	gekochter Vollkorn-Buchweizen (siehe Zubereitung S. 188)
1/4 – 1/2 TL	Currypulver

Olivenöl in einem Topf erhitzen. Champignonscheiben, zerdrückten Knoblauch, Zwiebelstücke, Pfeffer und Salz zufügen und bei mittlerer Hitze 5 Minuten darin dünsten, bis die Champignonscheiben eine goldbraune Farbe angenommen haben.

Weißwein, Zitronenschale, Buchweizen und Currypulver hineingeben. Alles gut miteinander vermengen. Vor dem Servieren einige Minuten kochen lassen.

BULGUR MIT KICHERERBSEN

Für 4 Personen

ZUTATEN:

200 g	Bulgur (grober Weizengrieß)
1/2 l	entfettete hausgemachte Hühnerbrühe
2 EL	kaltgepresstes Olivenöl (Erstpressung)
1	mittelgroße Zwiebel, in Stücke geschnitten
2	geschälte und zerdrückte Knoblauchzehen
100 g	Brokkoli, in Röschen geteilt
100 g	Blumenkohl, in Röschen geteilt
100 g	Zucchini, in halbrunde Scheiben geschnitten
200 g	getrocknete Aprikosen, in kleine Würfel geschnitten
550 g	Tomaten, in Würfel geschnitten
480 g	zerdrückte Tomaten
2 TL	getrocknetes Basilikum
1 TL	getrockneter Oregano
1/4 TL	Kümmel
1/4 TL	gemahlener schwarzer Pfeffer
1	Lorbeerblatt
je 1 Prise	Cayennepfeffer, gemahlener Koriander und Kurkuma
375 ml	gekochte Kichererbsen (siehe Zubereitung S. 189)

Hühnerbrühe in einem Topf zum Kochen bringen. Bulgur hineingeben und zugedeckt 20 – 25 Minuten sachte kochen lassen. Dann im geschlossenen Topf 10 Minuten ruhen lassen. Beiseite stellen.

Olivenöl in einen Topf geben und Zwiebelstücke und zerdrückten Knoblauch bei mittlerer Hitze darin dünsten.

Brokkoli- und Blumenkohlröschen, Zucchinischeiben, getrocknete Aprikosen, zerdrückte Tomaten, Tomatenwürfel und Gewürze hineingeben. Das Ganze etwa 20 Minuten sachte kochen lassen.

Kichererbsen zufügen, weitere 5 Minuten kochen. Auf einem Bett aus gekochtem Bulgur anrichten. Sofort servieren.

CURRYREIS MIT APRIKOSEN (V)

Für 4 Personen

ZUTATEN:

1 EL	kaltgepresstes Olivenöl (Erstpressung)
1	mittelgroße Zwiebel, in Scheiben geschnitten
1	geschälte und zerdrückte Knoblauchzehe
8	getrocknete Aprikosen, in Scheiben geschnitten
2 TL	Currypulver
150 g	Basmatireis
1/2 l	Wasser
2 EL	frischer Zitronensaft
1/4 TL	gemahlener schwarzer Pfeffer
1/4 TL	getrockneter Thymian

Den Backofen auf 200 °C vorheizen.

Olivenöl in einem ofenfesten Topf erhitzen. Zwiebelscheiben und zerdrückten Knoblauch zufügen und bei schwacher Hitze 5 Minuten darin dünsten, bis die Zwiebelscheiben weich sind.

Aprikosenscheiben hineingeben und weitere 3 Minuten dünsten, dabei ab und zu umrühren.

Currypulver zufügen und 3 – 5 Minuten erhitzen. Reis hineingeben und 3 – 5 Minuten darin goldbraun rösten.

In der Zwischenzeit Wasser zum Kochen bringen und mit dem Zitronensaft über den Reis gießen. Pfeffer und Thymian zufügen. Das Ganze mit einem Deckel verschließen und für 45 – 50 Minuten in den Backofen schieben, bis keine Flüssigkeit mehr vorhanden und der Reis gar ist.

REZEPT FÜR PHASE II

FALAFEL (V)

Für 4 Personen

ZUTATEN:

3 EL (45 ml)	Bulgur (grober Weizengrieß)
75 ml	kochendes Wasser
1	Knoblauchzehe, halbiert
250 ml	gekochte Kichererbsen (siehe Zubereitung S. 189)
1/2	kleine Zwiebel, grob gehackt
30 g	100%iges Vollkornbrot, in Würfel geschnitten
2 EL	frischer Zitronensaft
1/2 TL	Kümmel
1/2 TL	gemahlener Chili
1/4 TL	gemahlener schwarzer Pfeffer
3 EL	frische, fein gehackte Petersilie
1 EL	kaltgepresstes Olivenöl (Erstpressung)

Bulgur in eine Schüssel geben und mit kochendem Wasser übergießen. 30 Minuten quellen lassen.

Sämtliche Zutaten, bis auf die Petersilie, im Mixer pürieren.

Petersilie zufügen und alles miteinander vermengen.

Den Backofen auf 200 °C vorheizen.

Die Mischung mit einem großen Löffel auf einem mit Olivenöl eingeölten Backblech so verteilen, dass vier etwa 1 cm dicke Portionen entstehen. Das Ganze für 20 Minuten in den Backofen schieben, dabei nach der Hälfte der Backzeit umdrehen.

REZEPT FÜR PHASE II

GEFÜLLTE TOMATEN (V)

Für 4 Personen

ZUTATEN:

4	große Tomaten
2	mittelgroße Zwiebeln, fein gehackt
250 ml	gekochter Basmatireis (siehe Zubereitung S. 188)
250 ml	gekochte rote Bohnen (siehe Zubereitung S. 189)
3 EL (15 g)	frischer, geriebener Parmesan
1/2 TL	gemahlener schwarzer Pfeffer
1/2 TL	gemahlener Chili

An der Unterseite der Tomaten mit einem scharfen Messer eine dünne Scheibe abschneiden, damit sie stehen bleiben. Stielansätze entfernen. Tomaten mit einem Löffel aushöhlen, Fruchtfleisch beiseite stellen.

Den Backofen auf 200 °C vorheizen.

Restliche Zutaten mit dem Fruchtfleisch in einer Schüssel gut vermengen und die Tomaten damit füllen.

Gefüllte Tomaten in eine ofenfeste Form legen, mit Aluminiumfolie abdecken und für 15 Minuten in den Backofen schieben.

GEFÜLLTE ZUCCHINI (V)

Für 4 Personen

ZUTATEN:

2	mittelgroße Zucchini
250 ml	gekochte grüne Linsen (siehe Zubereitung S. 189)
2 EL	kaltgepresstes Olivenöl (Erstpressung)
1	mittelgroße, fein gehackte Zwiebel
1	geschälte und zerdrückte Knoblauchzehe
1	rote Paprikaschote, in Stückchen geschnitten
1 EL	frisches, fein gehacktes Basilikum
1 EL	Tamari-Sauce*
100 g	geriebener Emmentaler

Zucchini der Länge nach halbieren und aushöhlen.

Fruchtfleisch und Linsen in einer Schüssel miteinander vermengen. Beiseite stellen.

Olivenöl in einen Topf geben und Zwiebelstückchen und zerdrückten Knoblauch bei mittlerer Hitze 2 – 3 Minuten darin dünsten. Paprikastückchen, Basilikum und Tamari-Sauce zufügen, weitere 5 Minuten dünsten. Zucchini-Linsen-Mischung hineingeben. Das Ganze gut umrühren und 2 – 3 Minuten kochen lassen.

Den Backofen auf 180 °C vorheizen.

Füllung auf den Zucchinihälften verteilen, Käse aufstreuen. Gefüllte Zucchinihälften für 10 – 15 Minuten in den Backofen schieben.

* Tamari: auf natürliche Weise fermentierte Sojasauce, die keinen Weizen enthält

GEGRILLTER TOFU MIT ROTKOHL (V)

Für 4 Personen

ZUTATEN:

250 g	Rotkohl, fein gehackt
1/4 TL	Salz
1	mittelgroße Tomate, in Würfel geschnitten
1	Frühlingszwiebel, halbiert und in Scheiben geschnitten
2 EL	frische, fein gehackte Petersilie
2 EL	Balsamessig
1 EL	Sesamöl
1	geschälte und zerdrückte Knoblauchzehe
1/2 TL	gemahlener Chili
1/4 TL	gemahlener schwarzer Pfeffer

GEGRILLTER TOFU

350 g	fester Tofu
2 EL	Tamari-Sauce*
1 EL	Sesamöl
1 EL	frischer, fein gehackter Ingwer

Zerkleinerten Rotkohl in eine Schüssel geben und mit Salz bestreuen. Tomatenwürfel, Zwiebelscheiben, Petersilie, Balsamessig, Sesamöl, zerdrückten Knoblauch, Chili und Pfeffer in einer großen Schüssel miteinander vermengen. Rotkohl zufügen und gut untermischen. Beiseite stellen.

Tofu in etwa 1 cm dicke Scheiben schneiden.

Tamari-Sauce, Sesamöl und Ingwerstückchen in einer ofenfesten Form miteinander vermengen. Tofuscheiben hineinlegen und darin wenden. Dann bei Zimmertemperatur mindestens 30 Minuten ziehen lassen, Tofuscheiben dabei einmal umdrehen.

Den Backofen auf 190 °C vorheizen und die Tofuscheiben 20 Minuten grillen, bis sie leicht gebräunt sind, dabei einmal wenden.

Gegrillte Tofuscheiben auf Rotkohlgemüse servieren.

* Tamari: auf natürliche Weise fermentierte Sojasauce, die keinen Weizen enthält

GEMÜSERAGOUT MIT TOFU

Für 4 Personen

ZUTATEN:

350 g	fester Tofu, in Würfel geschnitten
2	mittelgroße Zwiebeln, in Würfel geschnitten
1	Blumenkohl, in Röschen geteilt
1	kleiner Brokkoli, in Röschen geteilt
12	Champignons, halbiert
450 g	Tomaten, in Würfel geschnitten
1/4 l	entfettete hausgemachte Rinderbrühe
2 EL	kaltgepresstes Olivenöl (Erstpressung)
1 EL	Zwiebelpulver
1 EL	Knoblauchpulver
1 TL	getrockneter Thymian
2–3	Lorbeerblätter
•	Salz und Pfeffer nach Belieben

Sämtliche Zutaten in einen Topf geben und ca. 30 Minuten sachte kochen lassen.

Sofort servieren.

HIRSESALAT MIT GEMÜSE (V)

(2. Foto nach Seite 160)

Für 4 Personen

ZUTATEN:

1/2 l	Wasser
1/2 TL	Gemüsebrühe (Konzentrat)
250 g	Hirse
1	große vollreife Tomate, in Würfel geschnitten
1/2	grüne Paprikaschote, in Würfel geschnitten
1/2	rote Paprikaschote, in Würfel geschnitten
1/4	Zucchini, in Würfel geschnitten
1	kleine geschälte und zerdrückte Knoblauchzehe
50 ml	frischer Limettensaft
2 EL (25 g)	entsteinte grüne Oliven, in dünne Scheiben geschnitten
1 EL	Kapern
1 TL	Basilikum-Pesto
2 EL	frische, fein gehackte Petersilie
3 EL	frischer, fein gehackter Schnittlauch
1 Prise	Currypulver
•	Salz und Pfeffer nach Belieben

Wasser und Gemüsebrühe in einen Topf geben und zum Kochen bringen. Die zuvor mit lauwarmem Wasser abgespülte Hirse hineingeben und zugedeckt bei schwacher Hitze 20 – 25 Minuten kochen. Danach im geschlossenen Topf 10 Minuten ruhen lassen.

Hirse in eine Salatschüssel geben, abkühlen lassen und 1 – 1 1/2 Stunden in den Kühlschrank stellen.

Hirse mit einer Gabel lockern und übrige Zutaten zufügen. Alles gut miteinander vermengen und vor dem Servieren nochmals 1 Stunde kühl stellen.

KÄSE-SPINAT-RÖLLCHEN IN TOMATENSAUCE (V)

Für 4 Personen

ZUTATEN:

4	Vollkorn-Teigplatten für Lasagne
4	Spinat-Vollkorn-Teigplatten für Lasagne
1 EL	kaltgepresstes Olivenöl (Erstpressung)
1/3	einer mittelgroßen Zwiebel, fein gehackt
6	Champignons, in Scheiben geschnitten
1/3	einer Selleriestange, halbiert und in Scheiben geschnitten
770 g	zerdrückte Tomaten
2	geschälte und zerdrückte Knoblauchzehen
1/2 EL	getrockneter Thymian
1/2 TL	getrocknetes Bohnenkraut
•	Salz und Pfeffer nach Belieben

BELAG

1	mittelgroßes Ei, verquirlt
3	mittelgroße hart gekochte Eier, fein gehackt
175 g	Hüttenkäse
75 g	geriebener Mozzarella oder fettarmer Cheddar
40 g	frischer, geriebener Parmesan
2 EL	frische, fein gehackte Petersilie
35 g	frischer Spinat, gekocht und abgetropft

Teigplatten 12 Minuten in Salzwasser kochen.

In der Zwischenzeit Zwiebelstückchen, Champignon- und Selleriescheiben in einem Topf bei schwacher Hitze in Olivenöl so lange dünsten, bis sie weich sind. Dann zerdrückte Tomaten, zerdrückten Knoblauch und Gewürze zufügen. Die Sauce gut umrühren und zugedeckt 10 Minuten sachte kochen lassen.

BITTE UMBLÄTTERN ☛

Den Backofen auf 180 °C vorheizen.

Die ersten sechs Zutaten für den Belag in einer Schüssel miteinander vermischen. Die Mischung auf den zuvor mit kaltem Wasser abgespülten und abgetropften Teigplatten verteilen. Dann den Spinat auflegen und das Ganze zu Röllchen formen.

Den Boden einer ofenfesten Form mit etwas Tomatensauce bedecken, Käse-Spinat-Röllchen hineinlegen und restliche Sauce angießen. Danach für 30–35 Minuten in den Backofen schieben. Vor dem Servieren 5 Minuten ruhen lassen.

Abb. rechts: Zucchini-Paprika-Spieße → Rezept Seite 148

Abb. folgende Seite: Hirsesalat mit Gemüse → Rezept Seite 158

MAKKARONI MIT DREI KÄSESORTEN (V)

Für 4 Personen

ZUTATEN:

200 g	Makkaroni aus Sojamehl
1 EL	kaltgepresstes Olivenöl (Erstpressung)
600 g	zerdrückte Tomaten
1	geschälte und zerdrückte Knoblauchzehe
2 EL	frische, fein gehackte Petersilie
•	Salz und Pfeffer nach Belieben
40 g	geriebener Cheddar
75 g	fettarmer, geriebener Mozzarella
3 EL (15 g)	frischer, geriebener Parmesan

Den Backofen auf 180 °C vorheizen.

Makkaroni 10 Minuten in Salzwasser kochen, abtropfen lassen. Danach in eine ofenfeste Form geben.

Olivenöl, zerdrückte Tomaten, zerdrückten Knoblauch und fein gehackte Petersilie zufügen. Salzen, pfeffern und alles gut miteinander vermengen.

Mit geriebenem Käse bedecken und für etwa 30 Minuten in den Backofen schieben.

Abb. vorhergehende Seite: Tofukroketten italienischer Art → Rezept Seite 166

Abb. links: Vegetarisches Chili → Rezept Seite 167

REISSALAT MIT LINSEN

Für 4 Personen

ZUTATEN:

375 ml	gekochte grüne Linsen (siehe Zubereitung S. 189)
375 ml	gekochter Basmatireis (siehe Zubereitung S. 188)
1	fein gehackte Zwiebel
1	große geschälte und zerdrückte Knoblauchzehe
3 EL	frische, fein gehackte Petersilie

SALATSAUCE

50 ml	kaltgepresstes Olivenöl (Erstpressung)
2 EL	frischer Zitronensaft
1 1/2 EL	Tamari-Sauce*
1/2 – 1 EL	Basilikum-Pesto
•	Salz und Pfeffer nach Belieben

Sämtliche Zutaten in eine Schüssel geben und gut miteinander vermengen. Vor dem Servieren 30 Minuten kühl stellen.

* Tamari: auf natürliche Weise fermentierte Sojasauce, die keinen Weizen enthält

SALAT AUS HÜLSENFRÜCHTEN (V)

Für 4 Personen

ZUTATEN:

1	Selleriestange, in Würfel geschnitten
1/2	grüne Paprikaschote, in Würfel geschnitten
1/2	rote Paprikaschote, in Würfel geschnitten
2	Frühlingszwiebeln, halbiert und in Scheiben geschnitten
250 ml	gekochte rote Bohnen (siehe Zubereitung S. 189)
250 ml	gekochte Kichererbsen (siehe Zubereitung S. 189)
3 EL	frische, fein gehackte Petersilie
•	Balsamessig-Salatsauce (siehe Rezept S. 54)

Salatzutaten in eine Schüssel geben und gut miteinander vermengen.

Salatsauce untermischen. Vor dem Servieren 15 Minuten ruhen lassen.

REZEPT FÜR PHASE II

TABOULÉ (V)

Für 2 – 3 Personen

ZUTATEN:

175 ml	gekochter Bulgur (siehe Zubereitung S. 188)
1	mittelgroße Tomate, in Stücke geschnitten
1	Frühlingszwiebel, gehackt
250 ml	frische, fein gehackte Petersilie
3 EL	frische, fein gehackte Minze
•	Saft von 1 1/2 Zitronen
75 ml	kaltgepresstes Olivenöl (Erstpressung)
1	geschälte und zerdrückte Knoblauchzehe
•	Salz und Pfeffer nach Belieben
einige Blätter	Kopfsalat

Sämtliche Zutaten in einer Schüssel gut miteinander vermengen. Danach etwa 30 Minuten in den Kühlschrank stellen.

Taboulé auf Salatblättern anrichten und servieren.

REZEPT FÜR PHASE II

TABOULÉ-SALAT MIT KICHERERBSEN (V)

Für 4 Personen

ZUTATEN:

375 ml	gekochter Bulgur (siehe Zubereitung S. 188)
250 ml	gekochte Kichererbsen (siehe Zubereitung S. 189)
2	mittelgroße vollreife Tomaten, entkernt und in kleine Stücke geschnitten
1	Frühlingszwiebel, halbiert und in Scheiben geschnitten
2	geschälte und zerdrückte Knoblauchzehen
500 ml	frische, fein gehackte Petersilie
3 EL	frischer Zitronensaft
2 EL	kaltgepresstes Olivenöl (Erstpressung)
•	Salz und Pfeffer nach Belieben

Sämtliche Zutaten in eine Salatschüssel geben und gut miteinander vermengen.

Vor dem Servieren 30 Minuten in den Kühlschrank stellen.

TOFUKROKETTEN ITALIENISCHER ART (V)

(3. Foto nach Seite 160)
Für 3 – 4 Personen

ZUTATEN:

225 g	fester Tofu, zerkleinert
2	große Eier, verquirlt
30 g	Haferkleie
3 EL (15 g)	frischer, geriebener Parmesan
3 EL	frische, fein gehackte Petersilie
1 EL	Zwiebelpulver
2 TL	Knoblauchpulver
1 TL	getrockneter Oregano
1 TL	getrocknetes Basilikum
1/2 TL	gemahlener schwarzer Pfeffer
1/2 TL	Muskat

Sämtliche Zutaten, bis auf die Eier, in einer Schüssel gut miteinander vermengen. Die Mischung mindestens 2 Stunden im Kühlschrank ruhen lassen.

Den Backofen auf 180 °C vorheizen.

Eier unter die Mischung rühren und Kroketten daraus formen.

Kroketten in eine ofenfeste Form legen und für 10 – 15 Minuten in den Backofen schieben.

VEGETARISCHES CHILI (V)

(Foto vor Seite 161)
Für 4 Personen

ZUTATEN:

1 EL	kaltgepresstes Olivenöl (Erstpressung)
2	mittelgroße, fein gehackte Zwiebeln
1	Selleriestange, halbiert und in Scheiben geschnitten
3	geschälte und zerdrückte Knoblauchzehen
1	kleine Aubergine, von der Schale befreit und in Würfel geschnitten
1	Zucchini, in Würfel geschnitten
1200 g	zerdrückte Tomaten
1 – 2 EL	gemahlener Chili
1 EL	Kümmel
1 EL	getrockneter Oregano
1 EL	getrocknetes Basilikum
1/2 TL	Cayennepfeffer
1	gelbe Paprikaschote, in Würfel geschnitten
1	grüne Paprikaschote, in Würfel geschnitten
250 ml	gekochte rote Bohnen (siehe Zubereitung S. 189)
250 ml	gekochte schwarze Bohnen (siehe Zubereitung S. 189)
•	Kräutersalz nach Belieben

Olivenöl in einen großen Topf geben und Zwiebelstückchen, Selleriescheiben und zerdrückten Knoblauch bei schwacher Hitze 5 Minuten darin dünsten.

Auberginenwürfel zufügen und zugedeckt etwa 10 Minuten sachte dünsten, dabei ab und zu umrühren.

Zucchiniwürfel, zerdrückte Tomaten und Gewürze hineingeben und alles gut miteinander vermengen. Den Deckel schräg auf den Topf legen und das Ganze 30 Minuten sachte kochen lassen. Ab und zu umrühren.

BITTE UMBLÄTTERN ☛

Paprikawürfel und Bohnen untermischen und mit Kräutersalz würzen. Den Deckel schräg auf den Topf legen und nochmals etwa 20 Minuten kochen.

EMPFEHLUNG

In Phase II auf einem Graupen- oder Hirsebett anrichten.

WILDREISSALAT (V)

Für 4 Personen

ZUTATEN:

750 ml	gekochter Wildreis (siehe Zubereitung S. 188)
25 g	gehobelte Mandeln
1/4	rote oder gelbe Paprikaschote, in Würfel geschnitten
1/4	grüne Paprikaschote, in Würfel geschnitten
1/2	Selleriestange, in Würfel geschnitten
2 EL	fein gehackte rote Zwiebel
•	Balsamessig-Salatsauce und/oder Bruchetta (siehe Rezepte S. 54 und S. 62)

Salatzutaten in eine Schüssel geben und gut miteinander vermengen.

Balsamessig-Salatsauce, Bruchetta oder beides zufügen und gut untermischen. Vor dem Servieren 15 Minuten ruhen lassen.

NACHSPEISEN

PHASE II

REZEPT FÜR PHASE II

ERDBEERCREME

Für 4 Personen

ZUTATEN:

1 EL	gemahlene Gelatine (geschmacksneutral)
50 ml	Wasser oder Saft von aufgetauten Erdbeeren
150 g	Erdbeeren, frisch oder tiefgefroren
125 g	Naturjoghurt
2	große Eiweiß
40 g	Fruchtzucker

In einem kleinen Topf Gelatine in Wasser oder Erdbeersaft streuen und 5 Minuten quellen lassen. Danach in der leicht erhitzten Flüssigkeit auflösen und gut verrühren.

Erdbeeren, Joghurt und aufgelöste Gelatine in einer Schüssel vermischen. Die Mischung im Kühlschrank fest werden lassen.

Eiweiß in einer anderen Schüssel fast steif schlagen. Unter Zugabe von Fruchtzucker fertig schlagen.

Etwa ein Viertel des Eischnees vorsichtig unter die Erdbeermischung heben, dann den restlichen Eischnee zufügen. Die Masse in 4 Förmchen füllen und 1 Stunde in den Kühlschrank stellen. Vor dem Servieren mit frischen Erdbeeren garnieren.

ERDBEERSORBET

Für 3 – 4 Personen

ZUTATEN:

150 g	Erdbeeren, frisch oder tiefgefroren
evtl. 40 g	Fruchtzucker
1	großes Eiweiß

Erdbeeren (mit Fruchtzucker) im Mixer pürieren. Erdbeerpüree in eine große Eisschale füllen und mindestens 8 Stunden ins Gefrierfach stellen.

Gefrorenes Erdbeerpüree mit einem Messer zerkleinern und nochmals im Mixer pürieren.

Steif geschlagenes Eiweiß zufügen und alles zu einer homogenen Masse verarbeiten.

Sofort servieren.

HIMBEERCREME

Für 4 Personen

ZUTATEN:

350 g	weicher Tofu
150 g	Himbeeren, frisch oder tiefgefroren
evtl. 2 EL	Fruchtzucker

Sämtliche Zutaten im Mixer zu einer glatten Creme verarbeiten.

HIMBEERPÜREE

Für 4 Personen

ZUTATEN:

280 g	Himbeeren, frisch oder tiefgefroren
1 EL	Fruchtzucker
1 TL	frischer Zitronensaft

Himbeeren unter Zugabe von Fruchtzucker und Zitronensaft im Mixer pürieren.

Himbeerpüree über einen Pudding (z.B. S. 181) gießen. Sofort servieren.

JOGHURTCREME MIT HIMBEEREN

Für 4 Personen

ZUTATEN:

280 g	Himbeeren, frisch oder tiefgefroren
40 g	Fruchtzucker
275 g	Naturjoghurt
50 g	saure Sahne
1/4 TL	geriebene unbehandelte Orangenschale
1/4 TL	gemahlene Vanille
•	frische Minzeblätter

Himbeeren mit Fruchtzucker in einer Schüssel gut vermengen. Danach 20 Minuten ruhen lassen, dabei ab und zu umrühren. Beiseite stellen.

Joghurt, saure Sahne, Orangenschale und Vanille in einer anderen Schüssel vermischen.

Ein Drittel der Himbeermasse gleichmäßig auf vier Stielgläser verteilen und mit 2 EL Joghurtmischung abdecken. Eine weitere Himbeer- und Joghurtschicht auftragen.

Restliche Himbeermasse ebenfalls darauf verteilen. 1 EL Joghurtmischung darauf geben. Mit frischen Minzeblättern garnieren. Sofort servieren.

Abb. rechts: Schokoladenbonbons → Rezept Seite 182

REZEPT FÜR PHASE II

JOGHURT-HIMBEER-EIS

Foto links

Für 4 Personen

ZUTATEN:

275 g	Naturjoghurt
150 g	Himbeeren, frisch oder tiefgefroren
evtl. 40 g	Fruchtzucker
1	großes Eiweiß

Joghurt, Himbeeren und evtl. Fruchtzucker im Mixer pürieren. Püree in eine große Eisschale füllen und mindestens 8 Stunden ins Gefrierfach stellen.

Gefrorenes Püree mit einem Messer zerkleinern und nochmals im Mixer pürieren.

Steif geschlagenes Eiweiß zufügen und alles zu einer homogenen Masse verarbeiten.

Sofort servieren.

TIPP:
Mit Magerjoghurt, ohne Fruchtzucker auch in Phase I.

Abb. links: Joghurt-Himbeer-Eis → Rezept siehe oben

REZEPT FÜR PHASE II

KLEIE-APRIKOSEN-MUFFINS

(ergibt 12 Muffins)

ZUTATEN:

90 g	Kleie
175 ml	kochendes Wasser
1	großes Ei
115 g	weicher Tofu
135 g	Naturjoghurt
1 EL	kaltgepresstes Olivenöl (Erstpressung)
100 g	getrocknete Aprikosen, zerkleinert
200 g	Vollkornmehl
40 g	Fruchtzucker
1 TL	Natron
1 kleine Prise	Salz
1/4 TL	gemahlene Gewürznelken
1/2 TL	Zimt
1/2 TL	Muskat

Kleie in einer großen Schüssel mit kochendem Wasser übergießen. Gut umrühren, abkühlen lassen. Beiseite stellen.

Ei, Tofu, Joghurt und Olivenöl im Mixer pürieren.

Kleie und Aprikosenstücke zufügen.

Mehl, Fruchtzucker, Natron, Salz und Gewürze in eine Schüssel sieben. Kleiemasse hineingeben und das Ganze mit einer Gabel vermengen, so dass eine feuchte Mischung entsteht.

Den Backofen auf 200 °C vorheizen.

Die Mischung in 12 zuvor mit Olivenöl ausgestrichene Muffin-Formen füllen und für 15 – 20 Minuten in den Backofen schieben.

 TIPP:

Weicher Tofu lässt sich durch Naturjoghurt ersetzen.

REZEPT FÜR PHASE II

MOUSSE AU CHOCOLAT

Für 4 – 6 Personen

ZUTATEN:

100 g	Bitterschokolade (mindestens 70 % Kakaogehalt)
3	große Eigelb
2 – 3 EL	Fruchtzucker
175 ml	Sahne mit 35 % Fettgehalt
5	große Eiweiß

Schokolade zerkleinern. Schokoladenstücke unter Rühren in 1 EL Wasser im Wasserbad schmelzen.

Eigelb mit der Hälfte des Fruchtzuckers in einer Schüssel schaumig schlagen. Schokoladenmasse unter ständigem Rühren nach und nach hineingeben. Beiseite stellen.

Eiweiß in einer anderen Schüssel steif schlagen, beiseite stellen.

Sahne mit dem restlichen Fruchtzucker in einer Schüssel steif schlagen.

Schlagsahne und Eischnee nacheinander vorsichtig unter die Eigelb-Schokolade-Mischung heben. Die Masse in 4–6 Förmchen füllen und vor dem Servieren 5 Stunden in den Kühlschrank stellen.

REZEPT FÜR PHASE II

POCHIERTE BIRNEN

Für 4 Personen

ZUTATEN:

4	reife, aber feste Birnen
•	Saft einer frischen Zitrone
50 g	Fruchtzucker
50 ml	Wasser
•	gemahlene Vanille

Birnen an der Unterseite mit einem scharfen Messer kegelförmig einschneiden, um das Gehäuse zu entfernen, ohne die Birnen zu entstielen. Danach vorsichtig von unten nach oben schälen.

Geschälte Birnen mit Zitronensaft beträufeln, damit sie nicht braun werden, und in eine ofenfeste Form legen.

Den Backofen auf 180 °C vorheizen.

Fruchtzucker, Wasser und Vanille in einen Topf geben. Das Ganze so lange erhitzen, bis sich der Fruchtzucker aufgelöst hat. Den Sirup über die Früchte gießen.

Birnen für 10 – 15 Minuten in den Backofen schieben, bis sie weich sind.

REZEPT FÜR PHASE II

PUDDING MIT WALDBEEREN

Für 4 Personen

ZUTATEN:

2	große Eier
4	große Eigelb
40 g	Fruchtzucker
1/4 TL	Salz
1/4 TL	gemahlene Vanille
1/2 l	Milch
3 EL	Kokosraspel
3 EL	Walnusssplitter (nach Belieben)
•	Waldbeeren bzw. Waldbeerenpüree

Den Backofen auf 150 °C vorheizen.

Eier, Fruchtzucker, Salz und Vanille in einer Schüssel verquirlen. Milch in einem Topf zum Kochen bringen, dann unter ständigem Rühren zur Eiermasse geben.

Das Ganze in 6 Auflaufförmchen füllen und im Backofen 1 Stunde im Wasserbad garen.

Aus der Form nehmen, Kokosraspel und Walnusssplitter aufstreuen. Waldbeeren dazu reichen oder mit Waldbeeren- bzw. Himbeerpüree (siehe Rezept Seite 175) übergießen.

SCHOKOLADENBONBONS

(Foto nach Seite 176)

Für 3 – 4 Personen

ZUTATEN:

100 g	schwarze Schokolade (mindestens 70 % Kakaogehalt), zerkleinert
30 g	Mandelsplitter
75 g	Kokosraspel (ohne Zucker)

Schokoladenstücke bei schwacher Hitze im Wasserbad schmelzen. Von der Kochstelle nehmen. Mandelsplitter und Kokosraspel zufügen. Alles gut miteinander vermengen.

Die Mischung mit einem Löffel in kleinen Häufchen auf Backpapier setzen. Vor dem Servieren mindestens 1 Stunde in den Kühlschrank stellen.

SCHOKOLADENCREME

Für 4 – 6 Personen

ZUTATEN:

250 g	schwarze Schokolade (mindestens 70 % Kakaogehalt)
4	große Eier, getrennt
20 g	Fruchtzucker
125 ml	Schlagsahne (35 % Fettgehalt)

Schokolade zerkleinern. Schokoladenstücke bei mittlerer Hitze im Wasserbad schmelzen. Beiseite stellen.

Eigelb mit Fruchtzucker in einer Schüssel schaumig schlagen. Eigelbmasse vorsichtig mit der geschmolzenen Schokolade vermischen.

Eiweiß in einer anderen Schüssel steif schlagen. Schokoladenmischung und geschlagene Sahne vorsichtig unterrühren.

Vor dem Servieren 4 Stunden in den Kühlschrank stellen.

REZEPT FÜR PHASE II

SCHOKOLADENFONDUE

Für 3 – 4 Personen

ZUTATEN:

200 g	schwarze Schokolade (mindestens 70 % Kakaogehalt)
150 g	verschiedene gehackte Nüsse
300 – 450 g	frische, entstielte Erdbeeren

Schokolade zerkleinern. Schokoladenstücke im Wasserbad schmelzen.

Schokoladenmasse in einen Fonduetopf gießen.

Erdbeeren in die Fonduemasse tauchen und in den Nüssen wälzen. Sofort genießen.

REZEPT FÜR PHASE II

SOMMERLICHER OBSTSALAT*

Für 4 Personen

ZUTATEN:

1	Orange, in Würfel geschnitten
1	roter Apfel, in Würfel geschnitten
200 g	frische Ananas, in Stücke geschnitten
1	frischer Pfirsich (oder Nektarine), in Würfel geschnitten
125 g	kernlose weiße oder blaue Trauben
125 g	frische Erdbeeren, in Stücke geschnitten
1/8 l	Ananassaft (ohne Zuckerzusatz)
1/8 l	frischer Orangensaft

Sämtliche Früchte in einer großen Schüssel vermengen. Mit Ananas- und Orangensaft begießen. Vor dem Servieren 2 Stunden in den Kühlschrank stellen.

*Als Obstfrühstück oder als Zwischenmahlzeit.

REZEPT FÜR PHASE II

ZITRONEN-LIMETTEN-EISMOUSSE

Für 4 Personen

ZUTATEN:

4	große Eigelb
100 g	Fruchtzucker
•	Schale einer frischen, unbehandelten Zitrone, fein gerieben
•	Schale einer frischen, unbehandelten Limette, fein gerieben
50 ml	frischer Zitronensaft
50 ml	frischer Limettensaft
250 ml	Schlagsahne (35 % Fettgehalt)
4	große Eiweiß

Eigelb, Hälfte des Fruchtzuckers, Zitronen- und Limettenschale, Zitronen- und Limettensaft in einer großen Schüssel vermischen. Die Schüssel in ein Wasserbad stellen und die Mischung etwa 8 Minuten schlagen, bis eine gebundene Creme entstanden ist. Danach sofort abdecken und etwa 30 Minuten in den Kühlschrank stellen, bis die Masse abgekühlt ist.

Abgekühlte Creme vorsichtig unter die Schlagsahne heben, beiseite stellen.

Eiweiß in einer anderen Schüssel fast steif schlagen. Unter Zugabe des restlichen Fruchtzuckers fertig schlagen.

Ein Viertel des Eischnees vorsichtig unter die Creme heben, dann restlichen Eischnee zufügen.

Eine Auflaufform mit Backpapier auslegen, dabei 2,5 cm überstehen lassen. Zitronen-Limetten-Mousse in die Form füllen, glatt streichen und mindestens 6 Stunden ins Gefrierfach stellen. Danach in Aluminiumfolie einwickeln und über Nacht nochmals ins Gefrierfach stellen.

ANHANG

ZUBEREITUNG VON GETREIDE

1. Getreidekörner vor der Zubereitung mehrmals mit lauwarmem Wasser abspülen. Bei Bedarf einweichen.
2. Wasser zum Kochen bringen, Getreide hineingeben, mit einem Deckel verschließen. Bei schwacher Hitze einkochen lassen und die erforderliche Garzeit einhalten (siehe Übersicht).
3. Nach Ende der Garzeit im geschlossenen Topf 5 Minuten ruhen lassen.

GARZEIT VON GETREIDE

Getreide (100 ml)	Einweichzeit	Wasser (zum Garen)	Garzeit (ungefähr)	Ertrag (ungefähr)
Basmatireis		200 ml	10 – 15 Minuten	400 ml
Bulgur		200 ml	15 – 20 Minuten	300 ml
Graupen	3 – 4 Stunden	200 ml	45 – 60 Minuten	300 ml
Hirse		200 ml	20 – 25 Minuten	400 ml
Naturreis		200 ml	40 Minuten	400 ml
Quinoa		200 ml	12 – 15 Minuten	300 ml
Vollkorn-Buchweizen		200 ml	15 – 20 Minuten	300– 400 ml
Vollkorn-Haferflocken		200 ml	15 – 20 Minuten	200 ml
Vollkorn-Weizenflocken		200 ml	15 – 20 Minuten	200 ml
Wildreis		250 ml	40 Minuten	400 ml

ZUBEREITUNG VON HÜLSENFRÜCHTEN

1. Hülsenfrüchte putzen und gründlich waschen.
2. Eine Tasse Hülsenfrüchte in einer großen Schüssel in 3 Tassen kaltem Wasser einweichen. (Man kann einen Teil der eingeweichten Hülsenfrüchte einfrieren, damit man bei der nächsten Zubereitung weniger Aufwand hat).
3. Einweichwasser abgießen. Die zur Zubereitung notwendige Menge Wasser (siehe Übersicht) aufsetzen. Wasser bis zum Siedepunkt erhitzen, den Topf mit einem Deckel verschließen und die Hülsenfrüchte bei schwacher Hitze weich kochen.
4. Um Blähungen zu vermindern, empfiehlt es sich, das Kochwasser ein- bis zweimal zu erneuern.
6. Durch die Zugabe von verschiedenen Würzmitteln werden Hülsenfrüchte leichter verdaulich (Kümmelmehl, Knoblauch, Zwiebel oder auch Bohnenkraut).

GARZEIT VON HÜLSENFRÜCHTEN

Hülsenfrüchte (100 ml)	Einweichzeit	kaltes Wasser (zum Garen)	Garzeit (ungefähr)	Ertrag (ungefähr)
braune Linsen		300 ml	45 Minuten	200 ml
ganze Erbsen	10 – 12 Stunden	400 ml	1 Stunde	300 ml
grüne Linsen		300 ml	30 Minuten	200 ml
Kichererbsen	10 – 12 Stunden	400 ml	1 – 1 1/2 Stunden	300 ml
Mungobohnen	10 – 12 Stunden	300 ml	1 – 1 1/2 Stunden	200 ml
Pinto-Bohnen	10 – 12 Stunden	300 ml	1 – 1 1/2 Stunden	200 ml
rote Bohnen	10 – 12 Stunden	300 ml	1 – 1 1/2 Stunden	200 ml
rote Linsen		300 ml	30 Minuten	250 ml
schwarze Bohnen	10 – 12 Stunden	300 ml	1 – 1 1/2 Stunden	300 ml
Sojabohnen	24 Stunden	400 ml	3 – 4 Stunden	200 ml
Trockenerbsen		300 ml	30 – 45 Minuten	250 ml
weiße Bohnen	10 – 12 Stunden	300 ml	1 Stunde	300 ml

KRÄUTER UND GEWÜRZE

frisch oder getrocknet zu verwenden

Anis	Schwein, Ente, Brot, Kompott, Kuchen, Kekse
Basilikum	Fisch, Meeresfrüchte, Geflügel, Eier, Lamm, Schwein, Kalb, Kaninchen, Käse, Gemüse, Teigwaren, Tomatengerichte, Saucen
Bohnenkraut	Suppen, Ragout, Fleisch, Wild, Fisch, Eier, Saucen, Salat, Gemüse, Salatsaucen, Hülsenfrüchte
Curry	Fleisch, Geflügel, Gemüse, Reis
Dill	Salatsaucen, Gewürzgurken, Knollensellerie, Fisch
Estragon	Eier, Fisch, Geflügel, Suppen, Salat, Tomaten, Saucen
Ganzer Kümmel	Spieße, Fisch, Krustentiere, Käse, Linsen, Reis, Salat, Gemüse, Obst
Gewürznelken	Ragout, Rind, Äpfel, Kuchen, Kekse, Tomatensauce
Ingwer	Fleisch, Geflügel, Fisch, Saucen, Gemüse, Obst, Reis, Kekse
Kapern	Mayonnaise, Senf, Fleisch, Geflügel, Fisch, Vorspeisen, Reis, Saucen
Kerbel	Suppen, Salat, Salatsaucen, Ragout, Kalb, Fisch, Omeletts, Saucen
Knoblauch	Salatsaucen, Gemüse, Ragout, Fleisch, Fisch, Geflügel, Suppen, Oliven, Teigwaren
Koriander	Käse, Omeletts, Reis, Kekse, Kuchen, Brot
Kresse	Fisch und Meeresfrüchte
Kümmel	Wurst, Lamm, Käse, Eier, Hülsenfrüchte, Reis, Tomaten, Brot
Lorbeerblätter	Saucen, Suppen, Kraftbrühen, Ragout, Fleisch, Geflügel, Fisch, Gemüse, Hülsenfrüchte
Majoran	Tomatengerichte, Salatsaucen, Saucen, Suppen, Kraftbrühen, Ragout, Fleisch, Fisch, Hülsenfrüchte, Gemüse
Minze	Salatsaucen, Mayonnaise, saure Sahne, Fleisch, Wild, Fisch, Saucen, Gemüse
Mohn	Brot, Kuchen, Käse, Gemüse
Muskat	Kuchen, Kompott, Cremes, Obst, Eier, Käse, Saucen, Schnecken
Oregano	Tomatengerichte, Salatsaucen, Saucen, Suppen und Kraftbrühen, Ragout, Fleisch, Fisch, Hülsenfrüchte, Gemüse
Paprika	Ragout, Geflügel, Eier, Gemüse
Petersilie	Suppen, Ragout, Fleisch, Geflügel, Fisch, Gemüse

Pfeffer	Fleisch, Geflügel, Fisch, Saucen, Käse, Teigwaren, Gemüse, Salatsaucen
Piment	Salatsaucen, Saucen, Fleisch, Ragout, Suppen, Meeresfrüchte, Oliven
Rosmarin	Suppen, Fleisch, Wild, Huhn, Fisch, Salat
Safran	Suppen, Reis, Käse, Eier, Ragout, Fleisch, Geflügel, Fisch
Salbei	Ragout, Fleisch, Geflügel, Omeletts, Käse, Suppen, Gemüse
Schnittlauch	Salatsaucen, Salat, Gemüse, Suppen, Fisch, Fleisch, Omeletts
Selleriesalz	Salatsaucen, Tomatensaft, Fisch, Meeresfrüchte, Hülsenfrüchte
Senf	Salatsaucen, Mayonnaise, Schwein, Huhn, Wurst, Fisch, Eier
Thymian	Suppen, Ragout, Hasenpfeffer, Wild, Fleisch, Fisch, Geflügel, Eier, Saucen, Tomatensauce, Hülsenfrüchte, Gemüse
Zimt	Kuchen, Kekse, Crêpes, Brot, Kompott, Äpfel, Birnen, Pfirsiche, Joghurt, Ragout, Fleisch, Hähnchen, Pute, Tomatensauce
Zwiebelpulver	Fleisch, Geflügel, Fisch, Salat, Gemüse

Anmerkung: Bei Verwendung von frischen Kräutern empfiehlt es sich, die in den Rezepten für getrocknete Kräuter angegebene Menge zu verdreifachen.

KÜCHENTECHNISCHE AUSDRÜCKE

angießen	Wasser, Brühe oder eine andere Flüssigkeit während des Garvorgangs zufügen
bestreichen	eine weiche oder flüssige Substanz mit einem Pinsel auftragen
bestreuen	eine Zutat auf einem Gericht verteilen
Bett	den Boden eines Tellers oder einer Platte mit einer Speise auslegen, auf der der Hauptbestandteil der Mahlzeit angerichtet wird
braten	bei starker Hitze gar und an der Oberfläche braun werden lassen
dünsten	Fleisch oder Gemüse in einem zugedeckten Gefäß in wenig Fett oder Flüssigkeit garen
entfetten	Fett von der Oberfläche einer Flüssigkeit entfernen, wobei die Flüssigkeit kalt sein sollte, oder Fleisch von sichtbarem Fett befreien
entkernen	Obst oder Gemüse von Kernen befreien

grillen	Fleisch, Fisch, Spieße oder Gemüse auf oder vor einer direkten Hitzequelle garen
hacken	durch kurze, schnelle Schläge mit einem scharfen Messer zerkleinern
hineingeben	etwas zufügen
in Folie garen	Lebensmittel vor dem Garen in Aluminiumfolie einwickeln
in Wasser ziehen lassen	etwas in einer Flüssigkeit knapp unter dem Siedepunkt halten und langsam garen lassen
in Würfel schneiden	Lebensmittel in etwa 1 cm große Würfel schneiden
marinieren	eine Speise in eine Flüssigkeit legen, um ihr Geschmack zu verleihen
pochieren	Lebensmittel in kochender Flüssigkeit garen
putzen	Lebensmittel von ungenießbaren oder unbrauchbaren Teilen befreien
schlagen	mit einem Schneebesen oder elektr. Handrührgerät kräftig schlagen, um möglichst viel Luft zuzuführen und damit das Volumen zu erhöhen
Schnitzel	dünne Scheibe Fleisch, meist Kalb oder Pute
Spieß	spitzer Stab, auf den kleine Fleisch- oder Gemüsestücke zum Grillen aufgesteckt werden
überbacken	eine bereits gekochte Speise im Backofen bei großer Hitze an der Oberfläche goldbraun werden lassen
überziehen	ein Gericht mit einer dünnen Schicht von etwas bedecken
umrühren	eine Speise durch Rühren bewegen, damit sie nicht am Topf- oder Pfannenboden anhaftet
Wasserbad	Topf mit kochendem Wasser, in das ein kleiner Topf zum Erwärmen von Speisen gestellt wird, um das Anbrennen zu verhindern
würzen	ein Gericht mit Gewürzen, Kräutern o. Ä. versehen, um es schmackhafter zu machen

Register

WEITERE INFORMATIONEN

HANS FINCK / MICHEL MONTIGNAC

DIE MONTIGNAC-METHODE FÜR EINSTEIGER

ABNEHMEN OHNE ZU HUNGERN
SCHLANK UND FIT FÜR IMMER

Vor über zehn Jahren entdeckte der französische Ernährungsfachmann Michel Montignac den Zusammenhang zwischen moderner Ernährung, Blutzuckerspiegel, Insulin und Gewichtszunahme. In seinen Ernährungsratgebern, die europaweit bereits über 15 Millionen Mal verkauft wurden, beschreibt er den Ausweg aus der Ernährungsfalle, die so viele Menschen in aller Welt scheinbar unaufhaltsam übergewichtig werden lässt.

Zunächst wurde Michel Montignac nicht ernst genommen. Mittlerweile ist seine Methode jedoch durch viele Studien wissenschaftlich bewiesen. Unzählige Diätverdrossene sind mit Michel Montignacs Hilfe schlank geworden und schlank geblieben.

In dieser Kurzeinführung fasst der deutsche Medizinjournalist und Fachautor Hans Finck zusammen mit Michel Montignac noch einmal alle wesentlichen Elemente der Methode in knapper, klarer und übersichtlicher Form zusammen. So können Sie sich rasch informieren und sich sofort am eigenen Leib von der Wirksamkeit der Montignac-Methode überzeugen.

Die wissenschaftlich bewiesene Methode zur Gewichtsreduktion mit Langzeiterfolg sowie zur Cholesterinspiegelsenkung

ISBN: 3-930989-13-1
Preis: [D] € 12,80 [A] € 13,20 sFr 21,80

MICHEL MONTIGNAC

DIE MONTIGNAC-METHODE

ESSEN UND DABEI ABNEHMEN

Eine große amerikanische Studie aus dem Jahr 1997 hat gezeigt, **dass man paradoxerweise trotz verminderter Nahrungszufuhr** und gleichbleibender Bewegung **weiter zunehmen kann.**

Diese Feststellung traf Michel Montignac schon vor mehr als zehn Jahren in der ersten Version seines Buchs *„Je mange donc je maigris"* (Ich esse, um abzunehmen), das seitdem in zahlreichen Ländern einer der größten Bestseller seiner Sparte geworden ist.

Michel Montignac zeigt, dass **Übergewicht und Fettleibigkeit nur aus einer falschen Nahrungsmittelauswahl resultieren,** die Stoffwechselprozesse auslöst, die wiederum zur Gewichtszunahme führen.

Er erklärt, **warum kalorienreduzierte Diäten abwegig und immer zum Scheitern verurteilt sind.** Man versteht jedoch vor allem, warum es ausreicht, die Ernährungsgewohnheiten umzustellen, um überflüssige Pfunde zu verlieren, ohne danach wieder zuzunehmen.

In dieser neuen, komplett überarbeiteten Version des Buches sind die Ernährungsprinzipien des Autors noch ausgewogener und seine Aussagen somit noch überzeugender.

Denn mittlerweile kann er sich auf die Erfahrung von Hunderten von Ärzten stützen, die seit über zehn Jahren die Methode verordnen, sowie auf zahlreiche wissenschaftliche Studien, die in den letzten Jahren veröffentlicht wurden.

Die neue Version der Montignac-Methode ist also mehr denn je **eine einzigartige Hoffnung für all diejenigen, die sich mit ihren überflüssigen Pfunden herumschlagen.**

ISBN: 3-930989-11-5

Preis: [D] € 14,80 [A] € 15,30 sFr 25,80

MICHEL MONTIGNAC

ICH ESSE, UM ABZUNEHMEN

DIE MONTIGNAC-METHODE
SPEZIELL FÜR FRAUEN

Nach jahrzehntelangen widersprüchlichen Diskussionen sind in der herkömmlichen Ernährungswissenschaft tiefgreifende Veränderungen im Gange.

Seit der Veröffentlichung der ersten französischen Ausgabe des Bestsellers *„Je mange donc je maigris"* im Jahre 1987 zählt MICHEL MONTIGNAC zu den führenden Köpfen der Ernährungsrevolution.

International bedeutende Ärzte haben ihn bei seinem Vorhaben unterstützt, das Grundprinzip der herkömmlichen Diätmethode zu widerlegen.

MONTIGNAC liefert den Beweis, dass eine Umstellung der Ernährungsgewohnheiten ausreicht, um eine Gewichtsabnahme zu erzielen.

Man versteht nun, warum die kalorienreduzierte Diätmethode wissenschaftlich nicht haltbar ist und wie sie letztlich einer Gewichtsabnahme entgegenwirkt. Mit Unterstützung der Ärzte liefert uns MICHEL MONTIGNAC die Erklärung, warum die Vitalität direkt von der Ernährung abhängt und wie man durch eine Umstellung der Ernährungsgewohnheiten seine physische und psychische Leistungsfähigkeit erhöhen kann.

Der Autor nimmt in diesem Buch eine Erweiterung der nunmehr berühmten Montignac-Methode vor, indem er in der Anwendung seiner Ernährungsprinzipien noch weiter geht, insbesondere was Frauen betrifft.

Außer den speziellen Maßnahmen, die ergriffen werden sollten, um endgültig ein normales Körpergewicht zu erreichen, finden Sie in diesem Buch eine Fülle von Ratschlägen, die über die richtige Auswahl der Nahrungsmittel dazu beitragen, jung, schön und gesund zu bleiben.

Ich esse, um abzunehmen
Eine Aufforderung, die an die Leser ergeht.

ISBN: 3-930989-03-4
Preis: [D] € 14,80 [A] € 15,30 sFr 25,80

MICHEL MONTIGNAC

MONTIGNAC
REZEPTE UND MENÜS
ODER
DIE FEINE KÜCHE NACH DER MONTIGNAC-METHODE

Mit einer revolutionären Ernährungsmethode, die nunmehr seinen Namen trägt, hat Michel MONTIGNAC in den letzten Jahren die Welt der herkömmlichen Diätetik erschüttert.

Er hat die Wirkungslosigkeit und die Gefahren restriktiver kalorienreduzierter Diäten angeprangert und aufgezeigt, dass eine einfache Umstellung der Ernährungsgewohnheiten das beste Mittel darstellt, um zu einer Gewichtsabnahme und einer größeren Vitalität zu gelangen.

Dieses Buch *„Rezepte und Menüs“* ist somit eine notwendige Ergänzung der Werke *„Ich esse, um abzunehmen“* und *„Essen gehen und dabei abnehmen“*, die zu internationalen Bestsellern wurden, sowie *„Die MONTIGNAC-METHODE für Einsteiger“*.

Die Leser werden erstaunt sein, ein Kochbuch vorzufinden, das nicht nur auf die regionale Kochkunst Wert legt und vom guten und genießerischen Essen handelt, sondern auch die Gesundheit mit einbezieht.

Außerdem werden Sie zu Ihrer Verwunderung erfahren, dass Wein, Schokolade, und Käse aus Rohmilch so außergewöhnliche Ernährungseigenschaften besitzen, dass sie nunmehr zum Verzehr empfohlen werden, um eine Senkung des Cholesterinspiegels zu erreichen.

Das Original Kochbuch zur MONTIGNAC-METHODE
Die wissenschaftlich bewiesene Methode, die europaweit
Millionen Diätverdrossene begeistert.

Zahlreiche Farbabbildungen

ISBN: 3-930989-00-X
Preis: [D] € 17,80 [A] € 18,30 sFr 29,80

MICHEL MONTIGNAC

MEINE REZEPTE AUS DER PROVENCE

200 SCHMACKHAFTE UND EINFACHE REZEPTE

Seit Michel Montignac vor mehr als zehn Jahren den Grundstein für eine neue Ernährungsphilosophie legte, zeigt er uns, dass die Ernährung ein entscheidender Faktor für die Gesundheit ist. Durch eine einfache Umstellung der Ernährungsgewohnheiten lässt sich nicht nur ein ideales Körpergewicht erreichen bzw. aufrechterhalten, sondern auch den meisten Zivilisationskrankheiten vorbeugen.

Dieses zweite Kochbuch ist – wie das erste – eine notwendige Ergänzung für alle Anhänger der MONTIGNAC-METHODE, die die Prinzipien der „ernährungsbewussten feinen Küche" bereits anwenden. Es richtet sich an all diejenigen, denen für die Zubereitung von Mahlzeiten (einschließlich Festtagsessen) nur wenig Zeit zur Verfügung steht und die trotzdem auf eine gesunde, schmackhafte und auch feine Küche Wert legen.

Die zweihundert Rezeptvorschläge sind hauptsächlich von der mediterranen Ernährungsweise beeinflusst, die heute offiziell als die gesündeste der Welt gilt. Die Rezepte zeichnen sich dadurch aus, dass sie einfach, schnell und praktisch sind und bis auf ein oder zwei Ausnahmen aus gängigen und preiswerten Zutaten hergestellt werden können. Viele Rezepte sind auch für Vegetarier geeignet.

Zahlreiche Farbabbildungen

ISBN: 3-930989-04-2
Preis: [D] € 17,80 [A] € 18,30 sFr 29,80

RIA TUMMERS

SCHLANK & SCHNELL

DIE SCHNELLE KÜCHE NACH DER MONTIGNAC-METHODE

Ria Tummers hat sich beruflich wie auch privat dem leckeren Essen und Trinken verschrieben. In den letzten Jahren hat sie sich in den Niederlanden als Autorin von Fachbüchern für die Gastronomieausbildung einen Namen gemacht. Kulinarische und didaktische Beratung ist ihr Spezialgebiet.

Rias liebstes Hobby war schon immer das Kochen und vor allem das gesellige Tafeln mit Gästen. Und nach dem guten Essen kam immer die Diät. Aber das Thema ist inzwischen passé, denn von Freunden bekam sie den Geheimtipp: die Montignac-Methode.

Nach sechs Wochen MONTIGNAC-METHODE (Phase I) hatten Ria und auch ihr Mann 12 Kilo abgenommen. Danach (in Phase II) gelang es ihnen, ihr Gewicht zu halten, sehr zum Erstaunen der beiden Diäterfahrenen, die nach den früher unternommenen Abmagerungskuren immer wieder zugenommen hatten. Dank des unkomplizierten Ernährungsprinzips von Montignac war die Umstellung auch im normalen Tagesablauf mit Leichtigkeit zu meistern – denn gerade Berufstätige wissen, wie schwierig das manchmal sein kann.

Da ihr aber nur die bis dahin aus dem Französischen übersetzten Montignac-Rezepte zur Verfügung standen und die hiesige Küche doch andere Zutaten und Zubereitungsarten kennt, entstand der Gedanke, neue Rezepte zu entwickeln. Ria Tummers nahm diese Herausforderung an und schrieb ihre Rezepte auf: Haupt- und Zwischengerichte, Salate, Snacks und vieles mehr – alle schmackhaft, einfach und schnell in der Zubereitung.

Sie finden in diesem Buch mehr als 150 Rezepte, mit denen Sie im Handumdrehen große und kleine Menüs zusammenstellen können. Auch Ihre Gäste, die die Montignac-Methode noch nicht kennen, werden von Ihrer neuen „Diät" überrascht und begeistert sein.

Zahlreiche Farbabbildungen

ISBN: 3-930989-06-9

Preis: [D] € 17,80 [A] € 18,30 sFr 29,80

GABRIELE LEHNER

SATT & SCHLANK

DIE DEUTSCHE KÜCHE
NACH DER MONTIGNAC-METHODE

Solange Gabriele Lehner zurückdenken kann, haben Essen, Kochen, Backen und Diäten in ihrem Leben eine große Rolle gespielt.

Noch zu Hause bei Eltern und Großmutter lernte sie die traditionelle, oftmals kalorienreiche fränkische Küche kennen und übte sich bereits früh im Kochen und Backen. Später verwöhnte sie ihre eigene Familie mit ihrem Hobby, und ein gutes gemeinsames Essen wurde zu einem wichtigen Bestandteil des Familienlebens. Leider blieben diese Gaumenfreuden nicht ungestraft, so dass zwangsläufig immer wieder neue Diäten von ihr und ihrem Mann ausprobiert wurden. Der Erfolg dieser Abmagerungskuren war jedoch meist nur von kurzer Dauer.

Wie viele andere Anhänger der MONTIGNAC-METHODE haben auch Gabriele Lehner und ihre Familie den Tipp, es mal mit Montignac zu probieren, von Freunden bekommen. Innerhalb eines Vierteljahres (Phase I) bestätigte sich der Erfolg der Methode: Ihr Mann hatte 16 kg abgenommen, ihre Mutter 17 kg. Sie selbst kann seit dieser Zeit ihr Wohlfühlgewicht problemlos halten.

Auf den Geschmack gekommen, sich „bewusst" zu ernähren, aber auch angeregt durch die Kritik ihrer damals 13-jährigen Tochter, reifte in ihr der Gedanke, ihre deutsche Küche „montignac-fähig" zu machen.

Das Ergebnis ist dieses Buch, das sowohl für Neulinge als auch für „alte Hasen" der MONTIGNAC-METHODE gleichermaßen geeignet ist. Sie finden in diesem Buch zweihundert wohlschmeckende Rezepte, für jeden Anlass, oft einfach und schnell zubereitet, dem deutschen Alltagsleben angepasst, mit gängigen Zutaten aus dem Supermarkt, dem Reformhaus oder dem Bioladen.

Überzeugen Sie sich einfach selbst von der deutschen Küche nach der MONTIGNAC-METHODE!

Zahlreiche Farbabbildungen

ISBN: 3-930989-10-7
Preis: [D] € 17,80 [A] € 18,30 sFr 29,80

MICHEL MONTIGNAC

KOCHEN, ESSEN UND DABEI ABNEHMEN BAND 2

REZEPTE NACH DER MONTIGNAC-METHODE

Wenn Sie Band 1 mögen, werden Sie Band 2 lieben!

„Kochen, essen und dabei abnehmen Band 1“ wurde zu einem Bestseller. Dieser zweite Band ist eine Fortsetzung der kulinarischen „Schlankküche“ Michel Montignacs. Die Rezepte sind noch leichter und schneller zuzubereiten als die in Band 1. Der Autor berücksichtigte bei dieser Ausgabe außerdem in starkem Maße die Hinweise und Tipps seiner Leser.

Neu sind die Vorschläge für Frühstück, Zwischenmahlzeiten sowie Getränke.

Im 21. Jahrhundert werden der Ernährungswert sowie die Gesundheit und Freude, die von der regelmäßigen Anwendung Montignacs kulinarischer Vorschläge hervorgehen, weiter an Priorität gewinnen.

Alle Rezepte sind auf die von Michel Montignac entwickelte, nach ihm benannte und seit mehr als 10 Jahren bewährte Methode abgestimmt. Ein Menüplan für 15 Wochen erleichtert den Einstieg.

Der überwältigende Erfolg dieser Methode beruht einerseits auf der Tatsache, dass Übergewichtige innerhalb kurzer Zeit deutlich abnehmen und auch ihr Gewicht ohne zu hungern oder sich spürbar einzuschränken halten können. Andererseits beeinflusst die gesunde und ausgewogene Ernährung das Wohlbefinden, die Vitalität und auch die Leistungsfähigkeit äußerst positiv.

Zahlreiche Farbabbildungen

ISBN: 3-930989-16-6
Preis: [D] € 17,80 [A] € 18,30 sFr 29,80

Die erste Produktpalette der feinen Küche jetzt auch hierzulande im Handel

Michel Montignac hat eine Reihe von Produkten entwickelt, die speziell auf seine Methode abgestimmt sind, so dass die Grundprinzipien einer ausgewogenen Ernährung jeden Tag von denjenigen befolgt werden können, die sich einer gesunden Ernährungsweise verschrieben haben.

Diese erste Produktpalette der feinen Küche ist unter dem Namen „Michel Montignac" in etwa 400 Feinkostgeschäften, Diät- und Bioläden in verschiedenen Ländern erhältlich.

Diese Produktpalette, bei der ungesättigte Fette und der Verzicht auf Zucker im Vordergrund stehen, beruht auf der Wiederentdeckung des „vollen Korns".

Dabei sind folgende Produkte besonders zu erwähnen:

- Vollkornbrötchen aus der Bäckerei
- ungezuckerte Fruchtmarmelade aus 100 % Früchten
- Vollkornteigwaren aus Hartweizen aus biologischem Anbau
- Bitterschokolade mit einem hohen Kakaoanteil
- ballaststoffreiches, ungezuckertes Müsli
- Kompott, Püree, Fruchtsaft, Soja, Trockenfrüchte, Fruktose, Saucen, Gewürze ... unverfälscht hergestellt, ohne Zusatz von Konservierungsmitteln und Zucker

Verkaufsstellen-Information:

NATURGIE S.A.
36, rue de l'Alma - BP 250
92602 Asniéres Cedex
FRANCE
Telefon: 00 33 (0)1 47 93 59 59
Fax: 00 33 (0)1 47 93 92 44
E-Mail: export@naturgie.com